中国共产党诞生地
出版工程

殷夫画传

龙华英烈画传系列丛书

中共上海市委党史研究室　龙华烈士纪念馆　编

郭莹　著

上海人民出版社

龙华英烈画传系列丛书编委会

编委会主任：严爱云

副　主　任：王旭杰

编　　　委：年士萍　吴海勇　邹　强
　　　　　　陈彩琴　沈申甫

出版说明

"一个有希望的民族不能没有英雄，一个有前途的国家不能没有先锋。"习近平总书记强调，对一切为国家、为民族、为和平付出宝贵生命的人们，不管时代怎样变化，我们都要永远铭记他们的牺牲和奉献。为弘扬以伟大建党精神为源头的中国共产党人精神谱系，用好英烈红色资源，号召在全社会树立崇尚英雄、缅怀先烈的良好风尚，从中汲取为中华民族伟大复兴继续奋进的强大精神力量，由中共上海市委宣传部组织，中共上海市委党史研究室、龙华烈士纪念馆编写龙华英烈画传系列丛书，致敬为真理上下求索、为信仰奋斗牺牲的革命先驱们。

上海市龙华烈士陵园（龙华烈士纪念馆）是党的创建和大革命时期、土地革命战争时期著名英烈人物最为集中的纪念地。在新中国成立前中国共产党产生了171位中央委员，其中有42人牺牲，在龙华牺牲了7位，占六分之一；首届中共中央监察委员10人中有8人牺牲，在龙华牺牲了4位，占二分之一；其他曾在龙华被押过的革命者更是数以千计。2021年7月，为庆祝中国共产党成立100周年，首度编辑出版"龙华英烈画传系列丛书"，分成 11 册，讲述了罗亦农、杨殷、彭湃、陈延年、赵世炎、陈乔年、林育南、杨匏安、张佐臣、许白昊、杨培生 11 位龙华英烈的事迹。现再推出李求实、柔石、胡也频、冯铿、殷夫"左联五烈士"的画传，分 5 册，按照英烈生平脉络，选取若干重要历史事件，配以反映历史背景、切合主题内容、延伸相关阅读的丰富历史图片，以图文并茂的方式叙写龙华英烈们在风雨如晦中坚持真理、坚守理想，在筚路蓝缕中践行初心、担当使命，在艰难寻路中不怕牺牲、英勇斗争，在生死考验中对党忠诚、不负人民，把人生价值和理想追求深深植根于谋求民族复兴、人民幸福之中，彰显早期中国共产党人为中国革命披肝沥胆的无畏与牺牲，实现救国救民的初心与力量。

丛书所收录的图片和史料多源自各兄弟省市党史研究室、纪念场馆，以及中共上海市委党史研究室、龙华烈士纪念馆等的公开出版物及展陈，或源自英烈后代、专家学者的珍藏。基本采用历史事件发生时期的老照片，但由于年代久远且条件有限，部分无法直接利用的老照片，或进行必要修复，或通过对现存史料进行考证后重新拍摄。

丛书反映内容跨度长、涉及面广、信息量大且年代久远，编写人员虽竭尽全力，但不足和疏漏之处在所难免，敬请广大读者批评指正。

目录

是东方的微光

YIN FU

我的生命，和许多这时代中的智识者一样，是一个矛盾和交
战的过程，啼，笑，悲，乐，兴奋，幻灭……一串正负的情感，
划成我生命的曲线。

——殷夫《〈孩儿塔〉上剥蚀的题记》

父慈母爱　生于甬东咽喉

　　浙江省宁波市象山县居长三角地区南缘、省中部沿海，位
于象山港与三门湾之间，三面环海、两港相拥、一路穿陆，是
典型的半岛县，史称"海隅小邑"。据《元和郡县志》卷二十七

象山县地图

载:"神龙元年,监察御史崔皎奏于宁海县东界海曲中象山东麓彭姥村置县。"唐神龙二年,位于宁海县东界一湾海曲里的一座山村立县象山。明代以后,象山成为海防和军事要地。康熙十七年《象山县志》王垓序云:"其地环连海滢,以濒海之险,非山莫恃,为甬东咽喉。"

1910年6月11日,庚戌年农历五月初五端午节的清晨,殷夫在浙江省象山县怀珠乡(今大徐镇)大徐村一个普通家庭出生了。象山立县伊始,奉化人徐旃为县令,挈家居此,子孙繁衍成大族,村中以徐姓居多,故村称大徐。殷夫,本姓徐。

殷夫的父亲徐孔甫(1866—1920),属虎,时年44岁。与弟

殷夫故居

弟徐忠庸出生在家业比较殷实的中产农家，粗读诗书、略会武功，但未能跻身仕途，也没有挣取功名，继而守着祖上留下的田地和山林，兼行中医和风水，尤以治疗麻疹闻名乡里，是一位小有名气、救贫扶弱的乡村医生。

殷夫的母亲钱月娥（1870—1941），属羊，时年40岁。农家出身，未曾上学读书，好吃斋念佛，为人和善淳朴。18岁嫁给殷夫父亲后，入则夫妻和睦、慈爱子女，出则友善亲朋、敦睦乡邻。22岁生一女取名祝三，后复续生产存活下四子一女，殷夫最小。

父母乐善好施、扶贫帮困，成为殷夫一生为人处世的第一面镜子。后来，他写过好几首诗献给母亲，由衷地赞颂她是"东方的玛利亚"，满怀深情地说"她是我最大的爱者，我的热情都从她产生"。

殷夫有两个姐姐、三个哥哥。大姐祝三，时年十八，后居家嫁人，未曾从业；二姐素云，时年六岁，后任象山县立女子小学校长。徐家男丁按"一成维鸿启，忠孝振家声"排辈，殷夫一辈属"孝"字辈。徐父希冀门庭生辉，先后为兄弟四人以芝、兰、松、柏取了表字。大哥孝瑞，字芝庭，学名培根，时年十五，后留学德国，并在国民党军队中担任要职；二哥孝祥，字兰庭，时年十一，后在国民党军队中任职；三哥孝邦，字松庭，学名文达，时年九岁，后也在国民党军队中任职；殷夫，谱名孝杰，字柏庭，因"柏"与"白"音近，故殷夫常自署名"徐白"，并在读书期间先后用过徐祖华、徐白、徐文雄等学名。

殷夫开始写作后，分别用过白莽、任夫、徐任夫、殷夫、徐殷夫、沙洛、殷孚、沙菲、莎菲、Ivan 等十个笔名。之所以用过这么多的笔名，是因为在当时复杂残酷的革命时期，只有这样频繁地改头换面，才能持续地发表革命诗篇，避免招致敌人的围捕。其中，白莽是殷夫第一次使用的笔名，也是用得最多的笔名，意即"徐白这个莽汉"，以此自警；殷夫，字面意思是"深厚热情的莽夫"，鲁迅在《白莽作〈孩儿塔〉序》中说"这是一个'较普通的笔名'"，是殷夫最为著名的笔名。

另根据殷夫资深研究者王庆祥先生所著《殷夫西寺遗诗》，

殷夫照片

分析殷夫在诗歌《干涸的河床》中曾用英文 Nymph，通译为"宁芙"，Nymph 是古希腊罗马神话中居住在山林水泽的仙女，常被诗人以"林泽精灵"或"自然之神"入诗。认为殷夫的笔名"任夫"，即由"宁芙"谐音而来，因为象山话"任"姓读 ning，后又将"任夫"谐称为"殷夫"，成为他"较普通的笔名"。

由于徐母生殷夫时突发血晕，元气大伤，幼年殷夫主要是由大姐祝三负责抚育照看，徐父负责启蒙教育。大姐无微不至地照顾着小殷夫，喂米糊、哄睡、换尿布……祝三坚持了三年，直到出嫁。徐父则把常用字写在一张张硬纸片上，放进竹筒里，得空了就教殷夫识字。

殷夫三岁时，大姐出嫁了，照看小殷夫的任务基本就全落在了徐父一人身上。徐父为方便带小殷夫出门行医买了一头骡子，经常在骡背上教小殷夫识字背诗。闲暇之余，殷夫的哥哥姐姐也时不时地教殷夫识字念诗。殷夫还跟随父亲习武，其同辈友人姜馥森曾在《鲁迅与白莽》一文中说："他的父亲很爱他，常常教他练拳，所以在高小时他能打得十二路好谭腿。他的年龄虽然比我们小，可是我们都是很忌惮他，即是怕他。"

殷夫的童年生活是安宁幸福、无忧无虑的。殷夫曾在《我还在异乡》对童年生活作过温馨的回忆：

檐下，我记得，

读倦了唐诗，

抱膝闲暇，

浮想着天涯，海洋，

飞越而去，幻想，

涣散了现实的尘网。

　　1916 年新春，殷夫六岁了。徐父为其取学名祖华，送入村东徐氏宗祠内的大徐义塾拜师读书。塾师是本地的老手宿儒——小有名气的老童生周阿年。周阿年既按照当时民国政府颁布的初级小学课本教新学，也按照中国传统文化观念教授儒学经典。殷夫聪明伶俐、博闻强记，往往是先生还没教，他已经会读会背了。在塾四年，小殷夫的成绩始终名列前茅，周老夫子多次登门夸赞小殷夫前途不可限量，反复叮嘱徐家要让殷夫去城里的学堂继续读书，徐父徐母对殷夫愈发寄予重望。

　　1920 年 1 月 28 日，殷夫十岁，徐父病故。殷夫的大哥、三哥正在外地求学，二姐正在县城读书，家里只有二哥一个半劳力，徐母咬紧牙关挑起了家庭的重担。她既承担烦琐的家务，又要下田劳作，含辛茹苦、任劳任怨，还是毅然决定让殷夫去县城继续读书。当年秋季，殷夫考入了县里的最高学府——象山县立高等小学。

新知开蒙　启于县立高小

象山县立高等小学系清政府废科举兴学堂时，集全县学田收入在丹山书院旧址上创办的，时称"官学堂"，民国后改名为县立高等小学。党的创建和大革命时期，县立高等小学深受五四运动的影响。

1919 年 5 月 4 日，北京学生为反对帝国主义列强在巴黎和会上侵害中国主权及北洋军阀政府的卖国政策，举行了集会和示威游行，要求"外争主权，内除国贼"。以学生斗争为先导的五四爱国运动如火山爆发般地开始了，拉开了中国新民主主义革

原象山县立高等小学第二道校门

命的帷幕。5月中旬，五四运动燎原之火蔓延至象山，以贺威圣（1902—1926）为代表的一批具有先进思想的进步青年率先响应起来。为以实际行动声援北京学生的爱国行动，贺威圣等到设在县立高等小学的师范讲习所动员学生筹建象山学生联合会，得到了县城其他学校的积极响应。5月24日，象山学生联合会成立大会在县立高等小学举行，公推贺威圣为会长，赵文光、林庆训、傅同宾、姜颖鸾为委员。会后，象山学生联合会组织了400多名学生上街游行。贺威圣带领当时正在县立高小读书的杨白、王家谟、范船僧、沈本厚等一批同学走出校门，投身到示威游行宣传、查禁英日仇货的斗争行列。在革命运动中，贺威圣影响并培养了杨白、王家谟、范船僧等一批年轻革命者。

　　1920年秋，殷夫入读象山县立高等小学时，正值五四运动

殷夫在县立高等小学读书时用过的读本
（来源：殷夫故居）

大潮汹涌之后。时任县立高等小学校校长仇水心（1886—1971）思想开明，题"勤恕诚朴"四字为校训，招募进步青年教师，拥戴爱国反帝，宣扬科学民主，提倡使用白话，开展体育教育，促进体教结合。在这所深受新文化思潮影响的学校就读期间，殷夫跟着教国文的樊老师背诵《宝刀歌》（秋瑾）、《正气歌》（文天祥），瞻仰民族英雄戚继光、张苍水，在世界观、人生观、价值观形成的关键时期，获得了浓厚的爱国主义教育，在心里埋下了爱国的种子。他跟着教体育的王老师练习武术，锻炼了身体，强健了体魄。同时，殷夫认真学习写作白话文，积极参加学校组织的新诗写作与新剧的演出活动，他的诗人才情崭露头角。读高小时，他曾把四句神童诗书赠给同班同学："自少多才学，平时志气高，别人怀宝剑，我有笔如刀。"

在高小住读时期，殷夫与同班同学

殷夫《给茂》手稿
（来源：王庆祥提供）

许福莹（1908—1991）多次同台参加学校组织的文艺演出活动。起初他不愿意扮演戏中的反派角色，后来逐渐活跃，对正反派角色都适应了。殷夫有两年多时间与王永茂（1909—1987）同宿共学，亲密无间，"宛如一家兄弟"。1929年殷夫写了《给茂》一诗赠予王永茂，表达对青春纯真岁月和故园美好时光的追忆。诗中说：

> 这是我青春最初的蓓蕾
> 是我平凡的一生的序曲
> 我梦中吻吮过这过往的玫瑰
> 幼稚的狂热慰我今日孤独

徐母素来信佛，自徐父去世后不久便拜城北门外象鼻山麓等慈禅寺（俗称西寺）的明耀和尚为师，住进寺内带发修行。殷夫读书空余，常到西寺去探望母亲。往返途中，总会经过山边路旁伫立着的"幼弱的灵魂的居处"——一座高大的孩儿塔。孩儿塔是殷夫故乡义冢冢地中专门抛投死孩子的坟冢，塔顶回旋着乌鸦，偶或目击妇人啼哭着扔婴孩进去，对殷夫触动很大，经常不自觉地忧思和遐想。后来，殷夫的第一部诗集即被他起名为《孩儿塔》。

象山县城北门外象鼻山麓的等慈禅寺

扬帆远航　诗兴民立中学

1923 年夏，殷夫从象山县立高等小学毕业。徐母传书殷夫的大哥徐培根赶紧回家，一则打算按照民间传统习惯，为儿子们办好分家立业的大事；二则准备把心爱的幼子殷夫托付给大儿子，希望大儿子担负起长兄为父的责任，全力照顾小弟，帮助他长大成才。

殷夫的大哥徐培根（1895—1991）

　　殷夫的大哥徐培根比殷夫年长十五岁，曾在杭州陆军小学堂、保定陆军军官学校第三期、陆军大学第六期、德国参谋大学求学。1925 年任陈仪部第一师第一团营、团长。后任第八十五师参谋长，中央陆军军官学校军官教育总队总队长。1931 年任第五军参谋处处长，1932 年参加淞沪抗战。抗战时为五战区参谋长，辅佐李宗仁。

　　时年，徐培根在浙江第一师任少校参谋，与原配夫人张芝荣在杭州安家。其间，与老家亲人保持着通信联系，并经常寄钱给母亲，对聪明过人的幼弟向来尽心爱护。此次，他遵母命返回故里，在宗族长老的见证下对老家的田地房产分配签订了书契。殷夫的住房分在西厢，与母亲同住。随后，徐培根决定把兄弟们分

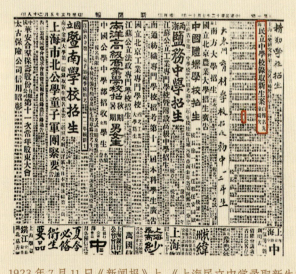

1923 年 7 月 11 日《新闻报》上,《上海民立中学录取新生案》有名"徐白"

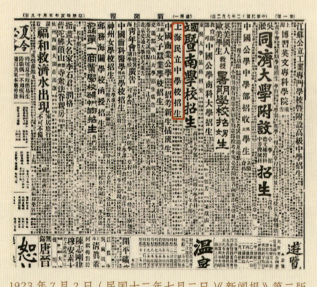

1923 年 7 月 2 日（民国十二年七月二日）《新闻报》第二版上的《上海民立中学校招生》

得的田地都交托二弟兰庭照管，让母亲和小弟殷夫一同去杭州生活。十三岁的殷夫得以第一次离开故乡，先是来到杭州大哥家，然后启程赴沪，找到在上海一家工厂做工的三哥松庭，并在三哥租住的八仙桥畔的家里见到了与三哥结婚不久的三嫂王阿惠。

1923年7月，殷夫以"徐白"之名考取上海民立中学新制初级中学一年级。经查阅，1923年7月11日《新闻报》第二版有一则《上海民立中学录取新生案》告示，在"新制初级中学一年级"录取生中，第六列第十行有名"徐白"。

据同年7月2日《新闻报》第二版上刊登的一则《上海民立中学校招生》广告所示，当时的报名日期是7月2日至7日，录

1909—1937年民立中学校址南市大南门中华路，1937年"八·一三"事变中毁于日军炮火

取新生告示中的顺序"以报名先后为次"。

　　20世纪初,所谓"南之民立,北之澄衷,东之浦东",民立中学、澄衷中学、浦东中学是鼎足"大江之南,黄浦之上"的三大私立名牌中学。民立中学以教育救国办学、培养栋梁之材为己任,教学上以文科好,尤其以英文见长,在社会上享有很高的声誉。学生学习勤奋,中英文基础扎实,优秀毕业生可直接报考圣约翰大学,学校还可向剑桥大学推荐报考生,毕业后考入海关、银行和邮政部门供职的人数甚多,被称为"小圣约翰"。

　　1923年7月至1926年7月在民立中学就读期间,殷夫的周

20世纪20年代,民立中学打字机室

遭环境是他过去闻所未闻见所未见的。殷夫入学时，民立中学已创办近二十年，教学设施颇具规模，师资力量雄厚。学校首任校长苏本铫（1874—1948）是前清秀才、上海圣约翰大学的早期毕业生，曾在英国皇家律师处任职，"每观西人与华人涉讼之事，以中国国势衰败，又籍不平等条约之势力欺侮华人，心殊不安"，深感"教育不普及，国不足以生存"。在担任校长40多年的时间里，苏本铫受西方教育思想的影响，办学方针颇具民主自由的色彩，建立起一套比较科学的教育管理制度，逐渐形成了"治学严谨，学融中西，注重书法，英文见长"的办学特色。初中部的英文教员多系圣约翰大学毕业生，高级英文由两名教授指导学生学习，还聘请美、英、澳籍教师，允许多种学说纷呈。

　　这样新颖创新的氛围让殷夫耳目一新、大开眼界，激起了强

20 世纪 20 年代，民立中学图书馆

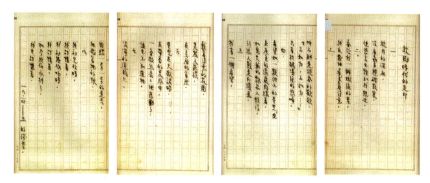

殷夫《放脚时代的足印》手稿（来源：王庆祥提供）

烈的好奇心和求知欲。他注重英文学习，热衷化学实验，还总是如饥似渴地钻进图书馆阅读，时而还去书店翻阅或购买课外书籍、报刊、杂志，阅读鲁迅等新文化运动健将的著作，从中接受了新文化新思想新思潮新审美的洗礼。他开始特别爱好诗歌，热衷学习写诗并尝试创作新诗。迄今可见的仅是被鲁迅先生保存下来的、殷夫第一次用白莽笔名创作的一组名为《放脚时代的足印》的八首小诗。

按照殷夫《放脚时代的足印》手稿，文章最后落款："一九二四——五的残叶"。可知，《放脚时代的足印》一组小诗是1924—1925年间，十四五岁的殷夫在民立中学读书时所写。1930年，该诗被殷夫编入自己的第一本诗集《孩儿塔》，后经鲁迅先生保存《孩儿塔》原稿残页，是我们现在所能看到的殷夫最

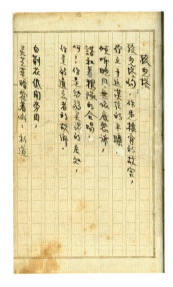

殷夫《孩儿塔》手稿

早的诗歌作品。

一

秋月的深夜，

没有虫声搅破寂寞，

便悲哀也难和我亲近。

秋月、深夜、虫声、寂寞、悲哀，相连的意象、情绪和心境，到底是少年不识愁滋味还是为赋新词强说愁？少年殷夫抒发了对童年生活的回忆。

二

春给我一瓣嫩绿的叶，

我反复地寻求着诗意。

刚刚走出故乡进入城市的殷夫渴望摆脱传统思想的束缚，向往青春美好的未来，却也预感现实艰难，产生了矛盾纠结的心理变化。

三

听不到是颂春的欢歌，

"不如归，不如归……"

只有杜鹃凄绝的悲啼。

似乎是写实，亦含有象征意义，以杜鹃悲啼意指劳苦大众的心声，通过现实生活某一刹那的直感寄寓一定的人生哲理，意味深长。

四

希望如一颗细小的星儿，

在灰色的远处闪烁着，

如鬼火般的飘忽又轻浮，

引逗人类走向坟墓。

少年殷夫逐渐流露出对社会的隐隐不满，对现实烦恼和未来迷茫的意趣尽显，文体形式上有些冰心"春水式"的美感，也颇有"湖畔派"的气质。

五

我有一个希望，

戴着诗意的花圈，

美丽又庄朴，

在灵府的首座。

少年殷夫的梦想是成为一个"带着诗意的花圈"的诗人，"美丽又庄朴"。诗歌既有主体的个性主义表达，又有诗的意识形态反映。

六

星儿在大（天）微语时，

在带香的夏风中，
一条微丝柔柔地荡动了：
谁也不知道它。

此时殷夫的诗没有华丽的装饰和晦涩的隐喻，用的是近乎浪漫主义的描摹，含蓄、隽永，体现了新诗歌谣化的主张。

七

泥泞的道路上，
困骡一步一步的走去，
它低着它的头。

短短的诗句描绘出一幅生活的画面，这是殷夫童年时代经常见到的景象：父亲骑骡出外行医，骡子在泥泞的道上艰难地一步一步向前走去。殷夫对自己幼年时与父亲行径乡间的画面印象深刻，仿佛把它当作自己生活的本、生命的源。

八

我初见你时，
我战栗着，

我初接你吻时，

我战栗着，

如今我们永别了，

我也战栗着。

　　我们从中仿佛窥见一对刚从封建礼教束缚下挣脱出来的青年，带着初恋时的羞涩、热恋中的矜持、产生爱情悲剧以后的痛苦，表现了青年从产生希望到陷入失望的心情，烙刻着鲜明的时代印记。

　　《放脚时代的足印》八首小诗，无论内容还是形式都深受流行小诗的影响。所谓"放脚"，意即"五四"以后，新诗创作虽然已经蔚然成风，但仍保留有刚从旧诗体中解放出来的痕迹，新诗还处于放脚的时代，犹如"解放足"仍有小脚女人的痕迹，也寓有殷夫个人的创作还属起步之意，是那时期少年诗人心声的鸣唱。诗歌一方面反射出"五四"哲理小诗的特点，另一方面表现了少年殷夫对人生的感悟，已然显露出少年诗人的才情。值得注意的是，诗人虽然年少，但并没有陶醉在稚气的幻想之中，时代的风暴、周围的环境、黑暗的现实已在潜移默化中影响着他的思考。他看到了生活的艰难，想到了斗争的必要，他的思想已逐渐超越同龄人，这是他高出一筹的地方。

殷夫描写童年生活的手迹

　　殷夫把他的少年时代称为"青春最初的蓓蕾""平凡的一生的序曲"，他吸吮着时代的雨露，饱满的蓓蕾绽放出鲜红的花苞，紧接着花束般的序曲，即将演奏起英雄的乐章。

是林中的响箭

YIN FU

我十七年的生命，像漂泊的浮萍，但终于要这样的，这样的埋葬了青春！我十七年的青春，这槁枯的灰尘，消灭了，消灭了，一切将随风散殒！

——殷夫《在死神未到之前》

崭露头角　发端五卅运动

历史的发展有这样一种情形，一个小小的斗争火种，有时会引发一场熊熊燃烧的革命烈焰。1925年5月上海工人反对外国资本家的罢工，就是这样一个火种，全国范围的大革命高潮从这场罢工开始。

1925年5月15日，上海内外棉纱厂第七厂的日本资本家枪杀带领工人冲进工厂交涉的工人顾正红（1905—1925，共产党员）。5月28日，中共中央和上海党组织一起召开紧急会议，决定发动学生和工人在30日到租界内举行大规模的反帝示威活动。30日，上海工人和学生举行援助纱厂工人的街头宣传和示威游行，租界的英国巡捕在南京路上突然开枪，向密集的群众射击，打死学生、工人等13人，伤者难以数计。这就是震惊全国的五卅惨案。以后几天，在上海和其他地方又连续发生英、日等国军警枪杀中国民众的事件。

五卅惨案激起了全上海乃至全中国人民的极大愤怒。多年来

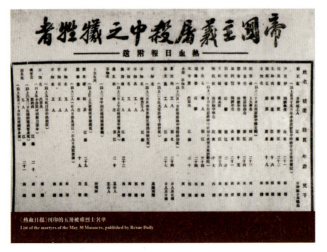

1925 年 6 月 11 日由《热血日报》附送的五卅惨案殉难者名单

深埋在中国人心中的对帝国主义的怒火一下子喷发出来，形成工人罢工、学生罢课、商人罢市的局面。为了加强对运动的领导，中共中央决定成立专门机构。6 月 1 日，成立了由李立三（1899—1967）任委员长的上海总工会，同时成立具有联合战线性质的上海工商学联合委员会，作为运动的公开指导机关。6 月 11 日，上海举行群众大会，到会的有 20 多万人。全国各地约有 1700 万人直接参加了运动。从通商都市到偏僻乡镇，到处响起"打倒帝国主义""废除不平等条约"的怒吼。反对帝国主义的民族运动浪潮，以不可遏止的浩大声势迅速席卷全国。

贺威圣（1902—1926），字刚峰，号蕙农，化名胡珊、吴威、惠生，浙江省象山县贤庠镇海墩村人，象山第一个地方党组织的主要创建人，宁波地区青年运动的领导人。1924年在上海大学加入中国共产党。曾担任过共青团上海闸北部委书记、中共上海闸北部委书记等职。1926年7月，受中共江浙区委派遣，任中共杭州地委书记，推进工农革命运动，积极协同北伐军开展对夏超的策反工作。11月3日，被军阀孙传芳部逮捕，13日英勇就义于杭州清波门外梅东校场。贺威圣是中共浙江地方组织最早献身革命的领导人

杨白（1903—1929），又名杨永清，曾化名杨广武，1925年2月加入共产主义青年团，象山现代革命史上第一位共青团员，10月任共青团象山支部书记。翌年2月转为中共党员，5月任中共象山支部书记。7月调任上海海员工会书记，领导海员参加上海工人三次武装起义。曾以上海海员工人代表的身份赴武汉出席第一次全国劳动者大会，并赴广州协助邓中夏领导省港大罢工。1927年"四一二"反革命政变后，回象山任中共象山区委书记

王家谟（1906—1927），1926年加入中国共产党，1927年6月，任中共宁波地委书记，7月，调任中共浙江省委常委、组织部主任，曾任省委代理书记。11月赴温州部署浙东武装暴动计划时被捕，随即遇害

1925 年五卅惨案爆发后，民立中学停课两个多月，组织师生参加全市罢课游行，募捐支援罢工工人斗争，抗议帝国主义的暴行。学生们晚餐喝粥，把节省下来的晚膳费悉数支援罢工工人。6 月 7 日，他们分几队步行到浦东杨思桥一带募捐演讲，次日又去闵行等地宣传演出。为协助罢工工人，他们夜间结队出巡，在大达码头至新北门一段按日轮值。殷夫目睹并积极参加了轰轰烈烈的五卅反帝爱国运动，帝国主义屠杀中国工人的暴行使他怒不可遏，人民群众的爱国热情使他深受鼓舞，共产党员们表现出的奋不顾身的精神使他深受感染，逐渐产生了向党组织靠拢的意愿。

五卅运动后期，反帝浪潮很快地波及全国各地，革命风暴强烈地冲击着城市和乡村。1925 年春节前夕，贺威圣从上海回到象山，成立青年革命团体——乐群学会。最初成员只有贺威圣、姜冰生（1906—1937）、杨白（1903—1929）、范船僧（1905—1935）、赵文光（1904—1982）5 人，后经姜冰生推荐，王家谟（1906—1927）等也被吸收为乐群学会会员。

在贺威圣的指导下，会员们分头联络各社会团体和各界进步人士，共同成立象山国民会议促成会筹备委员会。2 月 4 日，象山国民会议促成会成立大会在城隍庙举行。22 日，根据北京国民会议促成会关于成立全国国民会议促成会联合总会的函件精神，

林友梅（1908—1969），象山县第一个女共产党员。经五卅运动的锻炼走上革命道路，是年冬天加入中国共产主义青年团，1926年春转为中国共产党党员

象山国民会议促成会召开常委会议，决定通电加入全国国民会议促成会联合会。

5月30日，五卅惨案发生当天晚上，贺威圣从上海把五卅惨案的真相电告杨白、王家谟、范船僧等，要求他们行动起来，联合社会各界尽快成立"外交后援会"，声援上海人民的斗争。同时，他指示林友梅（1908—1969）把殷夫等一批旅沪象山知识青年组织起来带回象山。殷夫积极响应号召，与林友梅等一起返乡，全力投入家乡的反帝爱国运动。

6月3日，杨白、王家谟、范船僧等发动县立高小、县立女子学校等10所小学和各团体代表共500余人，在丹城东岳宫公祭五卅殉难烈士。4日下午，社会各界代表百余人在县教育会会馆开会，会上一致作出通电声援上海人民斗争、成立外交后援会、组织通俗演讲团和化妆宣传队等 12 项决议。

根据象山五卅惨案外交后援会的决定，1925 年 6—7 月间，殷夫等一批旅沪象山知识青年积极响应号召，全力投入家乡的反帝爱国运动，奔赴全县各地开展宣传。殷夫日夜在外活动，极少回家，在城乡演出反帝新剧，参与公祭上海死难烈士、募捐救济上海工人及查禁英日仇货活动等。同时，参加了由贺威圣等举办的暑期讲习班，开始学习《热血日报》《向导》等革命书刊。他年纪虽小，但踏实认真、善学肯学，冲锋在前、任劳任怨，不怕牺牲、英勇斗争，给杨白、王家谟等留下了很深的印象。

在贺威圣、杨白和王家谟等人的直接影响下，象山的革命形势如火如荼，革命团体也纷纷成立。其中，新蚶社是在 1925 年由许福莹、刘积铨、倪甃水等 20 位旅甬象山青年学生组织成立的进步文艺团体，同时也吸收部分旅沪的象山革命青年。之所以取名为"新蚶社"，是因为象山县城形似蚶子，俗称蚶城，"新蚶"含有改造象山使之新生之意。该社的发起人许福莹是殷夫在象山县立高小时期的同学，殷夫在其号召下也加入了这一进步文艺团体。该社成立后，办过工农夜校，举行过时事讲座，并创办了象山第一份进步刊物《新蚶刊》。据许福莹回忆，殷夫曾在《新蚶刊》中发表过反对封建礼教的诗作，可惜此刊散佚，难以

1925 年 6 月 4 日，为加强五卅运动中的反
帝宣传，中共中央创办《热血日报》，由瞿
秋白任主编

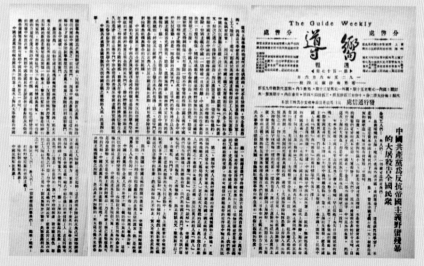

1925 年 6 月 6 日《向导》周报，社论《中国共产党为反抗帝国主义野蛮残暴的
大屠杀告全国民众》

二 是林中的响箭

找到殷夫的原作。1925年，《时事公报》上曾报导："新蚶社"同人"对于沪上惨案极为愤激，尝垒电各界坚持到底"，"旅甬沪各社员"也纷纷回到象山，"出发至乡间各市镇宣传募捐，颇得良好成绩"。

在与贺威圣等共产党人的并肩作战中，殷夫不仅在实践上得到了锻炼，思想上也有了新的觉醒。殷夫在《意识的旋律》一诗中，描述了五卅反帝爱国运动的革命热潮：

南京路的枪声，

把血的影迹传闻，

把几千年的塔门打开，

久睡的眼儿自外探窥，

在群众中羞怯露面，

抛露出仇恨，隘狭语箭！

四年后，1929年，殷夫为纪念五卅运动周年又写就了一首《血字》，依然沉浸在激昂中：

"五卅"哟！

立起来，在南京路走！

把你血的光芒射到天的尽头，

把你刚强的姿态投映到黄浦江口，

把你洪钟般的预言震动宇宙！

中国共产党在领导五卅运动的过程中得到很大发展。党员数量从这年年初的不足1000人，到年底已发展到1万多人，增加了10倍。不少原来没有党组织的地方建立了党组织，如云南、广西、安徽、福建等。党在斗争中得到很大锻炼。在1925年1月于上海召开的中国社会主义青年团第三次全国代表大会中，由中国社会主义青年团改称为中国共产主义青年团的团组织也带领团员青年积极投身反帝运动和革命斗争，团的组织和团员队伍也得到快速发展。

纵观殷夫一生，五卅运动是殷夫人生中一个重要转折点，使他向成为革命者迈出了坚定的第一步。年仅十五岁的腼腆少年逐渐成熟起来，从一个富有幻想的少年迅速成长为能够参与实际斗争的进步青年，这是他革命道路上的一次重大突进。他从"几万个心灵暴怒"中真切地感受到了党的领导和人民群众的力量，为他后来决定加入党组织打下了坚实的思想基础。此后，他开始把个人的命运与党、国家和人民的命运联系起来，开始思考中国社会的现状并尝试探索救国救民的出路。

1925 年 9 月，殷夫返回民立中学就读。在校期间，殷夫在学习初中课程的同时，经常结合斗争实际，认真阅读《热血日报》《向导》等革命刊物以及蔡和森的《社会进化史》、漆树芬的《帝国主义侵略下的中国》等进步著作，提高了对马克思主义的认识，增强了对共产主义的信仰。1926 年夏初，殷夫顺利毕业。当年暑假，在杭州大哥家度假期间，经二姐徐素云介绍，殷夫与浙江省立女子蚕桑讲习所盛淑贞相识。此后，两人常以通信方式交流思想，逐渐成为心心相印的挚友。此后，应殷夫建议，盛淑贞改名盛孰真，寓意求善求真。其间，殷夫还多次给盛孰真寄赠《奔流》《妇女杂志》《拓荒者》等进步书刊，指导她读书、写作，鼓励她不断进步。

1926 年 7 月 6 日，殷夫以"徐白"之名越级考入上海浦东中学高三级（等同现在的高二年级上学期）。此时，革命形势如火如荼，北伐战争取得节节胜利，上海工人阶级建立了武装组织，党的力量迅速发展壮大，殷夫也逐渐成长为革命队伍的一员，开启了他人生的新航程。

首次入狱　诞生成名长诗

经查阅，1926 年 7 月 6 日《申报》第三版有一则《浦东中学第一次录取新生》告示，在第三列"高三级"录取生中，第一位

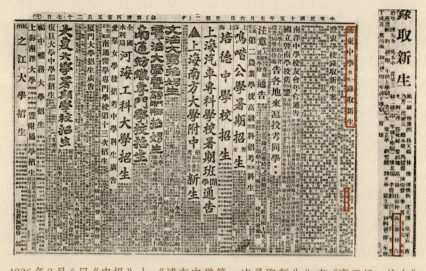

1926年7月6日《申报》上，《浦东中学第一次录取新生》有"高三级　徐白"

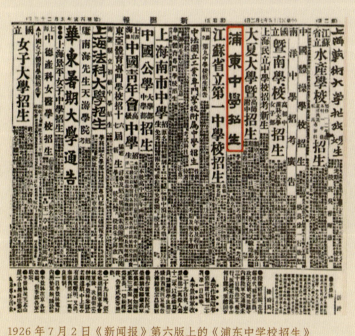

1926年7月2日《新闻报》第六版上的《浦东中学校招生》

即"徐白"。

据同年7月2日《新闻报》第六版刊登的一则《浦东中学校招生》广告所示，"考期第一次七月四日，第二次八月二十九日"。可见殷夫在7月2日至3日间即完成报名，4日参加考试，6日即被录取跳级入读浦东中学。

浦东中学以依于黄浦江之东而得名，是近代上海现代意义上的第一所完全中学。20世纪二三十年代，浦东中学曾享有"北南开，南浦东"的盛誉，著名教育家吕型伟称之为"中国近代教育的一座宝库"，被列为"中国名校"。学校设施上乘，教师阵容齐整，教学认真严谨，学生活泼上进，好学蔚然成风，名流人才辈

20世纪20年代，浦东中学校门

出，是我国唯一培养过国共两党领导人的中学。

清朝光绪年间，被称为"近代建筑营造业的一代宗师"的上海建筑业巨子杨斯盛（1851—1908）毁家兴学，筹建浦东中学，延聘黄炎培（1878—1965）为校董兼首任校长，亲立"勤朴"校训，于1907年正月开学。胡适对杨斯盛的人格和毁家兴学之举十分赞赏，在《四十自述》文集开卷第一篇即作《中国第一伟人杨斯盛传》，并应邀为浦东中学题词："杨公发愿为国家造人材，诸位同学应该发愿把自己铸造成器。"殷夫就读期间，时任校长沈莘斋（沈履，1902—1981）全面实施教育革新，注重因材施教，拥戴新文化运动的思想精神，提倡科学与民主，反对旧道

浦东中学增涛池游泳池旧址

德、提倡新道德，反对旧文学、提倡新文学。执教期间，学校以规模大、设备齐、教学质量高、英才辈出而闻名遐迩。

1926年7月到1927年上半年，殷夫就读浦东中学期间，正值第一次国内革命战争时期，中国人民在共产党和国民党合作领导下进行着反帝反封建的北伐战争。由于上海是工人阶级的大本营，又是全国反帝运动的中心，在共产党"为国民会议而战"的号召下，中共上海区委根据中央指示精神，与北伐战争相配合，积极准备武装起义。1926年秋至1927年春，中共中央和上海区

上海工人第三次武装起义

委发动组织上海工人，连续举行了三次武装起义，并取得了上海工人第三次武装起义的胜利。上海工人第三次武装起义是大革命时期中国工人运动的一次壮举，是北伐战争时期工人运动发展的最高峰，为在中国开展城市武装斗争作了大胆尝试。

是年，中共上海区委为配合北伐战争，从宁波各县抽调一批骨干党员分赴广州、上海。1926年11月，贺威圣被军阀孙传芳部杀害，是浙江省最早牺牲的中国共产党领导人。杨白奉命到达上海任中华海员工会书记，在浦东烂泥渡中华海员工会小船部附属小学教书，以小学教师的公开身份为掩护，在轮船上、码头边、茶房里向水手、舢板工、搬运工、黄包车夫等基层群众做政治宣传和组织发动工作。

殷夫频繁地与贺威圣、杨白以及在复旦大学会计系就读并秘密加入共产党的刘积铨（1908—1945）等人会面，他们都赞赏殷夫在五卅运动中的表现，以同乡的情谊同他谈论时事，认为北伐战争能够打击帝国主义支持下的北洋军阀，结束军阀割据和连年混战的黑暗局面，实现建立民主共和国的革命理想。在他们的影响下，殷夫阅读了大量马列主义理论读物，自觉积极地将革命理论知识与实践运动相联系，在革命理论学习和阶级斗争实践方面都有了切实的进步，并在浦东中学秘密加入了中国共产主义青年团。

根据殷夫资深研究者王庆祥先生对殷夫同学许福莹先生的采访得知，1927年2月23日，在杨白和刘积铨的介绍下，殷夫秘密加入了中国共产党。3月，殷夫参加了上海工人第三次武装起义，奉命带领同学到浦东的工厂进行宣传，到南京路等街头进行募捐。4月1日，殷夫遇到随北伐军来到上海的同乡何志浩（1905—2007），使殷夫"真感到一种不可思议的快慰、奋兴的惊讶"，充满对"革命的军人"的敬佩。4月初，当时的上海沉浸在"第三次工人武装起义胜利"与欢迎"北伐军进驻上海"的气氛中，但作为热切关注革命形势与前途的青年学生，殷夫以敏锐的

1927年4月3日，殷夫写给何志浩的书信

政治嗅觉察觉到了政治上的反常迹象。4月3日，他在给何志浩的信中写道，"革命的人往往易犯一种毛病就是在压迫下的时候是很革命很积极的前进的，而待压迫稍松的时候就要开倒车了。我有许多朋友在革命军未（来）上海之前是非常革命秘密的做工作，也很感兴味。但是到现在可以公开了，就不感趣味，开起倒车来了。这是很危险的。"

4月8日，殷夫在上海龙华一幢大厦里见到了时任国民党第八十五师参谋长的大哥徐培根。大哥告诉他"时局要变"，并警告他不准再参加革命活动。殷夫将这一情况向党组织作了汇报，组织上要他进一步探明情况，然而，等他再去向大哥询问时，大哥已跟着总司令部撤离了上海。

4月12日，在上海第三次工人武装起义胜利后不久，蒋介石公开叛变革命，在上海发动反对国民党左派、进步人士和共产党的反革命政变。在帝国主义和国民党反动统治之下，成千上万的共产党人、工人领袖、革命志士被捕、被关、被杀。持续数月的血腥屠杀使中国大革命受到了严重摧残，仅在沪东地区，党员数量就从1500多人骤减到200多人。

4月13日，在青云路广场抗议、游行以及总罢工活动中，沪东党组织派出数量庞大的工人纠察队员参与其中。14日后，沪东各厂又发动多次罢工，参与人数近6万。殷夫参加了青云路广场市民大会的示威游行，亲眼见到了"鲜红的热血洒满宝山路"的惨剧。事隔几天，殷夫在浦东中学，因一个"獐头的小人""那广西人""那矮子"告密而被国民党反动派逮捕。这是殷夫第一次入狱。

在狱中，殷夫经历了审讯、脚镣，目睹了革命者的英勇就义。6月5日夜，殷夫怀着强烈的爱和憎在监狱里写下了平生第一首长诗《在死神未到之前》。这首诗长达五百一十二行，在当时的诗坛上也是一首不可多得的长叙事诗。该诗以叙事为主线，通过浓烈的抒情笔调叙述了他被告密、遭逮捕以及在监狱里的种种遭遇，刻画了敌人的卑劣和叛徒的丑态，表达了对母亲的眷恋和对朋友的怀念，表现了一个革命者的坚强意志和豪迈气概。总体来说，全诗的基调是积极乐观的，具有激动人心的鼓舞力量，既反映了年轻革命者的赤胆忠心，抱有为革命牺牲的大无畏精神，也流露出小资产阶级的罗曼蒂克情绪。诗歌在情感的表达上具有直抒胸臆的特点，没有诗的含蓄、朦胧，但有诗的激昂、振奋，不是如泣如诉的短笛，而是洪亮高亢的进军号角。他写道：

忏悔吧，可怜的弱者，

死去！死是最光荣的责任，

让血染成一条出路，

引导着同志向前进行！

从这灰白的高墙，
惨黄的夕阴传进，
同志们，欣喜吧！
这正是象征着最大的斗争。

这正象征着统治者的运命，
同志们，快起来奋争！
你们踏着我们的血，骨，头颅，
你们要努力地参加这次战争！

　　1928年初，殷夫将这首长诗投寄给创刊不久的《太阳月刊》编辑部，当时负责《太阳月刊》的蒋光慈（1901—1931）因病去青岛休养，编务由钱杏邨（阿英，1900—1977）负责。阿英接读这首诗稿后，"立刻被这些诗篇激动了"，认为"是那样充满着热烈的革命感情"，还"很快的，以非常惊喜的心情，告诉了光慈、孟超和其他同志"。（《鲁迅忌日忆殷夫》）

　　1928年4月1日，《太阳月刊》4月号迅速刊登了这首殷夫署名任夫的长诗。在刊物目录页，该诗题目记作《死神未到之

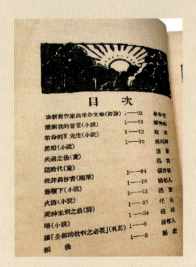

1928 年 4 月 1 日《太阳月刊》4 月号封面及目录页

1928 年 4 月 1 日，《太阳月刊》4 月号刊登殷夫长诗《在死神未到之前》（署名任夫）正文页

前》；而在正文页，该诗题目记作《在死神未到之前》。在其他殷夫作品出版物中，该诗题目记作后者居多。在这期杂志的《编后记》中提到："任夫的一首几百行的长诗，是他去年在狱中所作，技巧虽然不怎样的成熟，但出于一个十七岁被捕以后的革命青年之手，在我们觉得是最值得纪念的。我们在这一首诗里，可以看到一个革命青年的情绪在当时是怎样的奔进；全诗的情绪虽然带着一点病态，然而没有一点幻灭的调子，在这样的环境之中，有这样的作品，我们觉得是很足以矜持的。"

在四一二反革命政变的白色恐怖下，殷夫被关了三个月，险被枪决。这次狱中经历，使他充分进行了一场革命般的洗礼，他的无产阶级革命理想和信念开始明确建立。7月下旬，殷夫被大哥徐培根保释出狱。站在兄弟的立场上，殷夫对大哥是感激的，但是当他一想到大哥要让他"参加剥削机械的一部门"，他就"不禁要愤怒"。月底，得知母亲思念成疾，殷夫返回象山老家探亲。

同舟共济　孕育革命火种

在蒋介石和各地军阀的反革命屠刀之下，白色恐怖笼罩着全国。对于被迫离开革命队伍的殷夫来说，屈居山水之间，仍不能忘怀轰轰烈烈的革命斗争。殷夫在老家坚持学习社会科学，阅读

革命文艺书刊，创作诗歌作品，磨砺革命意志。现有《人间》和
《呵，我爱的》两首诗即作于此时。

> 山是故意地雄伟，
>
> 水是故意地漪涟，
>
> 因为我，
>
> 只有，只有，
>
> 只有干枯地在人间蹁跹。
>
> ——摘录《人间》，1927年9月于象山

　　家乡的山水依然雄伟而美丽，但矛盾纠结的复杂心绪让好山
好水都仿佛改变了颜色。诗人将自然景物人格化，借以反衬内心
的痛苦，遣发苦闷的心情。

　　1927年秋，殷夫探望母亲居家不久，便即刻返回上海。母
亲和大姐一直送他到离家乡十里外的虎啸铺，临别时母亲一再叮
嘱殷夫在外定要当心，切莫再莽撞行事，殷夫点头答应下来。返
回上海后，殷夫曾想去苏联留学，但大哥徐培根获悉自己将被派
往德国陆军大学留学，私觉殷夫以后也可以去往德国，互相有个
照应。殷夫遂在大哥的劝说下，决定报考国立同济大学的德文补
习科。

国立同济大学校门

同济大学吴淞第四校舍

同济大学的前身是同济德文医学堂，诞生于 1907 年，发端于德国人，是 19 世纪后期至 20 世纪初期中德两国交往的产物。学堂自建设伊始，遵循的是德国人办学、德国模式，形成了注重实际、关心学生自主研究能力的教育理念。1917 年，第一次世界大战进入第四个年头，由于时局变化，德国人撤离，由德国人主办的同济面临存亡。3 月 14 日，中国政府正式对德国宣战并与之绝交。同济大学随之由华人接办。4 月 16 日，学校在吴淞正式复课。学校继续推崇重基础理论教学、重德文教学、重实习环节的严谨求实学风。

1927 年 4 月，南京国民政府建立。8 月，国民政府正式命名同济为"国立同济大学"，国立同济大学是国民政府成立后命名的第一批国立大学之一。之后 10 年，学校经济虽时有困难，但在国家人力、物力和财力的支持下，在国内外人士的关心和全校师生员工的同心协力下，国立同济迅速发展起来。蔡元培（1868—1940）任大学院院长时，对同济大学非常器重。他认为，最近数十年中国建立了许多新式高校，有的采用美国式，有的采用日本式，而"美、日之高等教育均受德国影响"，"德国之教学法尤全世界所推许"。

1927 年 9 月，殷夫以浙江上虞徐文雄之名报考同济大学。当时"德文补习课"第一次招生已经结束，他只得参加 9 月 14 日

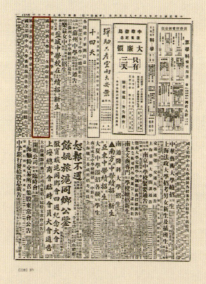

1927 年 9 月 18 日《申报》第五版上的《国立同济大学第二次录取新生》

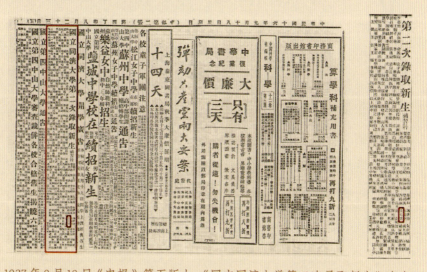

1927 年 9 月 18 日《申报》第五版上，《国立同济大学第二次录取新生》有名
"徐文雄"

殷夫化名徐文雄就读同济大学德文补习科的登记信息

至 15 日的第二次招生考试，于 18 日被录取，19 日即报名注册入读。殷夫在同济大学读书时，学名为徐文雄，号之白。现可获悉，在 1927 年 9 月 18 日《申报》第五版《国立同济大学第二次录取新生》告示中，第三列录取生中有名"徐文雄"即为殷夫。

1928 年 9 月编印的《国立同济大学二十周年纪念册》"德文补习科第一年级"学生名录中，殷夫的相关具体信息登记为：徐文雄，字之白，男，十九岁，籍贯浙江上虞，通讯地址象山城隍庙隔壁徐第。

从《国立同济大学二十周年纪念册》考证，当时的同济大学分大学部、中学部、德文补习科和附设机师学校四部分。大学部分医科和工科两部，医科为五年制，工科为四年制，一、二年级不分系，三、四年级又分成土木工学系和机械工学系两个系。中学部分高中和初中两部。德文补习科为二年制，当时有二年级一班，一年级分甲、乙、丙三组，徐文雄列名德文补习科一年级乙组。

经学者丁景唐的研究发现，同济大学 1928 年和 1934 年校刊也证实殷夫 1927 年秋到 1928 年夏在同济大学德文补习科一年级乙组读书。在校期间，殷夫表现优异，仅半年时间，就基本掌握了德文知识和运用，能够进行初步的德文翻译，阅读马克思的《黑格尔法哲学批判导言》等经典著作，并先后被选为学生代表、学生会干部。殷夫被编入乙组，但与甲组的中共党员王三川（1911—1945）、陈元达（1911—1931）同住一间宿舍。由于彼此抱着共同的革命理想，他们很快成为知交挚友，一起刻苦学习，相互切磋交流，积极参加活动。当时吴淞地区的学生运动都由同济领头，学生中的共产党员、团员经常到工厂去，向工人群众宣传革命思想，并秘密散发革命传单，进行地下斗争。殷夫等进步青年一起秘密参加校内外革命活动，奔走于吴淞等地，通过贴标语、撒传单、办壁报等方式同帝国主义和国民党反动派做斗争。

按照王三川烈士后人王石明老人对王三川烈士生平事迹的回

陈元达（1911—1931），浙江诸暨人，中共党员。1931年7月25日，在从事联络工作过程中被捕；同年8月5日被秘密杀害于龙华，时年20岁

王三川，又名王顺芳（1911—1945），江苏上海县人，中共党员。1945年5月1日，在参加策划起义的会议途中被捕，随即遭反动派杀害，时年34岁

殷夫就读同济时期的德文补习科全体学生合影，第三排右数第九位为殷夫

一九二八年德文补习科学生
第三排右算四人为殷夫烈士、算七人为陈元达烈士

殷夫就读同济时期的德文补习科照片，第三排右数第四人为殷夫

顾得知，殷夫还参加过由王三川、方若愚、宋名适、张启行等十多名爱好文艺的青年学生在宿舍四楼九号房间成立的进步团体潮汐社，参与创办了油印刊物《潮声半月刊》。该刊自 1927 年 11 月上旬出版第一期起，至同年 12 月下旬停刊为止，前后共刊出四期。他们还积极开展诗歌比赛，创办了一份油印文艺刊物《漠花》，意为在荒漠原野上一束向阳的小花，在上海各学生会分发。该刊抨击时弊，传递心声，交流进步青年的理想与苦闷，可是只刊出了两三期就被查封了。

殷夫还经常留心阅读《文化批判》《创造月刊》《奔流》《太阳月刊》等进步刊物。入校第二年二月，他在《文化批判》刊物一月号上读到当时在学术界颇有名望的彭康（1901—1968）的译文

《文化批判》1928 年第 3 号刊

《哲学的任务是什么》，敏锐地看出译文中的瑕疵，当即用徐文雄的名字给该刊编辑部写了一封信。在信中，他围绕马克思《黑格尔法哲学批判·导言》原文中的"批判不仅是解剖刀，乃是一种武器"和"不把普罗列塔利亚特'奥伏赫变'，哲学决不能实现"等发表看法，引用《创造月刊》第9期上成仿吾《从文学革命到革命文学》中的有关言论，就《文化批判》1月号上彭康《哲学的任务是什么?》中的两段译文提出商榷意见，认为对原著的翻译应力求准确地体现马克思的原意。

致《文化批判》编者的信，经编者加以《被奥伏赫变的话》标题，在该刊第3号《读者的回声》栏目刊出。奥伏赫变是德语"aufheben"的音译，意译为扬弃，包含抛弃、保留、发扬和提高的意思，指新事物代替旧事物不是简单地抛弃，而是抛弃旧事物中消极的东西，又保留和继承以往发展中对新事物有积极意义的东西，并把它发展到新的阶段。而"普罗列塔利亚特"则是德语"Proletariat"的音译，意译为"无产阶级"。殷夫当时年仅18岁，学习德文也只有半年，但竟已能独立阅读马克思的德文原著，并敏锐地指出当时在学术界颇有名望的学者译文中的瑕疵，足见他德文学习之勤奋刻苦，对马克思著作之认真领悟，实属难能可贵。

是冬末的萌芽

YIN FU

呵，我们踟蹰于黑暗的，黑暗的丛林里。世界大同的火灾已经被我们煽起，煽起。我们手牵着手，肩并着肩，喷着怒气。在火中我们看见了天上的红霞，旖旎！

——殷夫《呵，我们踟蹰于黑板的丛林里》

载身纸笔　萌创革命文学

1927年，随着蒋介石集团、汪精卫集团相继叛变革命，国共关系全面破裂，中国共产党从此转入地下，轰轰烈烈的大革命宣告失败。新的革命形势和剧烈的阶级斗争对文学艺术提出了新的要求，新兴的无产阶级要求建立自己的文艺阵地。这一时期，国际无产阶级文学运动正蓬勃发展，苏联、日本等国家左翼文学运动十分活跃，马克思主义文艺理论被不断地输入中国，一些作家受其影响开始走上革命文艺道路，倡导无产阶级革命文学。无产阶级革命文学运动在反革命统治势力的中心——上海兴起，倡导者是创造社和太阳社的成员，主要有郭沫若（1892—1978）、成仿吾（1897—1984）以及蒋光慈、钱杏邨等。

1927年秋，蒋光慈、钱杏邨等人在上海创办了革命文学团体"太阳社"，主编《太阳月刊》《时代文艺》《海风周刊》《新流月报》《拓荒者》等进步文学刊物。新成立的太阳社和经过整顿的后期创造社，在《创造月刊》《文化批判》和《太阳月刊》等刊物上正

20 世纪 20 年代的进步文学刊物

式倡导"无产阶级革命文学"。他们提倡的基本观点包括关于文学的阶级性问题，强调文学是阶级斗争的武器，阐明无产阶级文学产生的社会原因及其历史使命；关于文学的描写对象问题，提出无产阶级文学"要以农工大众为我们的对象"；关于文艺工作者的思想转变问题，认为作家要"努力获得无产阶级意识"，"克服自己的小资产阶级的根性"。

在大革命失败、新的革命高潮尚未到来的历史转折阶段，无产阶级革命文学的倡导在文学界树起了鲜明的革命旗帜，起到了振奋人心、鼓舞斗志的作用。但由于存在教条主义及宗派主义的倾向，他们不仅否定了五四运动以来新文学的功绩，而且将鲁迅、茅盾等视为革命文学的主攻对象，鲁迅等发表文章纠正其偏颇之处，双方就无产阶级文学建设的一些重大问题展开了文学讨论。这场发生在 1928—1929 年，鲁迅、茅盾与创造社、太阳社

蒋光慈（1901—1931），安徽金寨人，中国无产阶级革命文学的先驱。1928年，发起成立革命文学团体太阳社，主编《太阳月刊》。1930年3月，中国左翼作家联盟成立时，当选为候补常委，负责主编机关刊物《拓荒者》。先后出版了《少年飘泊者》《短裤党》《咆哮了的土地》等著名革命文学作品，胡耀邦、陶铸、习仲勋等人都曾受其作品影响走上了革命道路

钱杏邨（1900—1977），笔名阿英，安徽芜湖人，中国现代文艺理论家。1926年，在上海参加中国共产党，1927年11月，协助蒋光慈创建革命文学团体太阳社，编辑《太阳月刊》，开设春野书店。1929年，参加潘汉年主持的中国左翼作家联盟筹备工作。1930年3月被选为"左联"主席团成员之一，并被选为"左联"常务委员，协助蒋光慈担任《拓荒者》的编辑工作

关于无产阶级革命文学的论争，被称为"革命文学论争"。随着论争形势发展，中国共产党对论争双方都做了细致的思想工作，互相达成了谅解，扩大了革命文学的积极影响，到1929年上半年论争基本结束，并在此基础上筹备成立中国左翼作家联盟。由此可见，1928年无产阶级革命文学的倡导是20世纪30年代左翼文学运动的最初发端。

1928年1月，殷夫因投寄《在死神未到之前》给该刊编辑部，得到了共产党员、革命作家蒋光慈和钱杏邨（阿英）的赏识。钱杏邨看到诗稿后立即回信，约殷夫到上海市区见面。见面后，两人围绕这组诗稿和文学创作活动进行了交流。殷夫的表达虽然简洁，但态度诚恳朴实，钱杏邨对其非常欣赏。自此，殷夫

太阳社旧址，今上海市虹口区四川北路1999弄32号

与蒋光慈、钱杏邨等同志经常会面，意气相投，无话不说。随后，殷夫加入了由他们组织的革命文学团体——太阳社，并经常给太阳社主办的刊物供稿。他的组织关系也结转编入该社社内党组织春野支部，隶属上海市闸北区第三街道党支部，洪灵菲（1902—1934）任党小组长。潘汉年、阳翰笙、李一氓组成的创造社党小组也隶属同党支部，潘汉年（1906—1977）任党小组支部书记。

在党的直接领导下，殷夫更加积极地投入斗争洪流之中，在此期间创作的诗歌基调也转为乐观和高昂，犹如他在1928年5月创作的诗歌《清晨》中所写的那样：

清晨洒遍大地。

阳光哟，鲜和的朝阳，

在血液中燃烧着憧憬的火轮，

生命！生命！清晨！

玫瑰般的飞跃，

红玉样的旋进，

行，行，进向羽光之宫，

突进高歌的旋韵。

全诗所有的意象，如朝阳、血液、玫瑰、红玉等都显现出火焰一样绯红的色彩，暖色的主调、热烈的旋律、昂扬的斗志、澎湃的激情，无不昭示着诗人正处于生命的清晨阶段。这首诗用急速的旋律、激越的情感，表现了诗人在风雷激荡的革命岁月里，以一个刚踏上征途的青年人的热情投身于革命的浪潮之中，他充满着幻想和希望，欢呼着"生命！生命！清晨！"，希望能够"进向羽光之宫"。但革命的前途是光明的，道路是曲折的，年轻的诗人即将遭遇考验和挑战。

5月3日，日本侵略者在山东济南向国民党军发动进攻。由于蒋介石一味妥协退让并下达不抵抗命令，日本侵略者杀死一万余名中国军民，枪杀了中国政府所派交涉人员，制造了震惊中外的"济南惨案"，又称五三惨案。这次惨案激起全国人民的极大愤慨，同时也受到世界舆论的激烈谴责。然而，面对血腥屠杀，蒋介石却发出通令，强调"务必仰体中央意志，忍耐处置"，"所有民众集会及游行诸动作，均易发生事端，应严为禁止，各该所属部下，更应绝对禁止参加"。

消息传到同济大学，广大师生无不义愤填膺。然而，学校当局和官办学生会却秉承国民党上海当局的指示，压制学生的革命行动，要求大家等待政府"妥善处理"。为此，殷夫、陈元达、王三川等进步学生慷慨激昂地竭力主张全校同学集会游行，抵制日货，声讨日本帝国主义屠杀中国人民的罪行。在同学们的强烈要求下，5月6日，学校学生会决定罢课3天，抗议日本帝国主义的暴行。

在此期间，纸、笔、诗成了殷夫投身斗争的武器，他先后创作了《醒》《白花》《我们初次相见》《祝》《给某君》等诗作。其中，《我们初次相见》是写给同学兼革命战友王三川的；《给某君》一诗描述了他和战友冒着被敌人追袭的危险，书写、张贴革命标语的情景，表达了对敌人的仇恨蔑视和对革命风暴来临的殷切期待；《呵！我们踯躅于黑暗的丛林里》则反映了他和战友们正在斗争中获得的锻炼成长：

> 呵！我们踯躅于黑暗的，黑暗的丛林里，
> 世界大同的火灾已被我们煽起，煽起，
> 我们手牵着手，肩并着肩，喷着怒气……
> 在火中我们看见了天上的红霞，旖旎！

"黑暗的丛林"寓指当时的黑暗社会，年轻的革命者正在为实现"世界大同"的理想而不懈奋斗。在殷夫的诗中，他始终牢记"世界大同"的共产主义理想，期待着"黑暗和风暴终要过去"，革命的狂飙终将来临，"圣洁的光芒"将永驻人间。

如果说殷夫在中学时代所写《放脚时代的足印》还夹杂着抑郁、惆怅、迷茫和无所适从，那么由于受到革命党人和革命思想的直接影响，进入大学后殷夫所写的诗歌开始变得更加激荡回肠、昂扬向上。他诅咒黑暗统治，礼赞光明未来，歌颂纯真爱情，表达献身革命的决心，充满着对新世界的热切向往，反映了殷夫从一个小资产阶级知识分子逐步向无产阶级战士转变的思想过程，也反映了当时革命青年的共同心声。

二次入狱　蛰伏象山蓄势

1928年，国民党反动派四处镇压革命，残酷杀戮共产党员和革命群众，革命处于低潮时期。不计其数的共产党人牺牲在屠刀之下，以致中共六大召开时都难以准确统计全国党员人数。此时的中国，被反动派掀起的血雨腥风所笼罩，在国内难以找到一个安全的地方召开全国代表大会。中国共产党唯一一次在国外召开的全国代表大会就是1928年在莫斯科近郊五一村召开的中共六大。即便如此，白色恐怖笼罩下的中国大地依然闪耀着星星之火，无数共产党员前赴后继，奋不顾身为革命斗争，用鲜血谱写了一曲曲气壮山河的英雄之歌。

1928年8月，殷夫也因参加革命活动被反动当局逮捕，再次入狱，陈元达、王三川也遭到敌人追捕而被迫离校。在狱中，面对残暴的敌人，殷夫坚贞不屈，创作了诗歌《孤独》《宣言》等。这一时期的诗作中，我们看到的是诗人誓死不变的初心担当，以及义无反顾的勇敢决心。他在 8 月 17 日于狱中创作的《宣言》说道：

你不看，曼曼的长夜将终了，
朝阳的旭辉在东方燃烧，
我的微光若不合着辉照，
明晨是我丧钟狂鸣，青春散殒，
潦倒的半生殁人永终道遥。
我不能爱你，我的姑娘！

　　诗人以主人公的姿态，表明自己时刻准备着为革命事业牺牲生命，并毅然决然地向深爱的姑娘告别。从中，我们可以看出他越来越坚定的革命信念，再无一丝害怕和彷徨。

　　同济校方将殷夫等人被逮捕的消息，写信致象山城隍庙隔壁徐第殷夫大姐徐祝三家里。徐祝三获悉后，立即电告殷夫大哥徐培根家。此时徐培根已被派往德国留学，遂由大嫂张芝荣出面，转托徐培根在上海的熟人将殷夫保释出狱。徐培根从德国寄信来劝告殷夫脱离革命，安心读书，毕业后等他帮忙安排适当工作，却被革命理想信念日益坚定的殷夫坚决回绝。

殷夫大姐徐祝三（1891—1993），21岁嫁与象山丹城东澄河蒋殿英，对各个弟弟妹妹入城读书、工作都多有照顾。蒋殿英在当象山县教育局长任内，安排殷夫二姐徐素云做象山县立女子小学校长，并在殷夫二次被捕保释回家后，安排入校任教

　　9月中旬，学校开学，殷夫重回同济读书。面对国内外敌人蹂躏祖国的险恶环境，殷夫经常在吴淞海滨散步沉思。他关注民族的危急、人民的苦难，向往光明的前途、共产主义的未来，渴望与党组织重新接上关系。在焦急等待中，他写下了《独立窗头》《孤泪》等诗篇。在《独立窗头》中，他写道：

　　　　我泫然的沉入伤感，
　　　懒把飘零的黑丝掠上，
　　　　悲怆的秋虫鸣歌，
　　　岂是为我诉说苦想？
　　　　……

　　　　我的英勇终要回归，

热意不能离我喉腔，

暂依夜深人静，寂寞的窗头，

热望未来的东方朝阳！

在《孤泪》中，他写道：

忍耐吧，可怜的人，

忍耐过这曼长的夜，

冷厉的暴风加紧，

秋虫的哀鸣更形残衰。

鲜红的早晨朝曦，

也是叫他们带来消信，

黑暗和风暴终要过去，

你呀，洁圣的光芒，永存！

反革命力量大大超过了党领导的革命力量，中国共产党面临着被敌人瓦解和消灭的严重危险。面对这种险恶的环境，诗人在夜深人静时写下诗篇，抒发自己的殷殷期望，希望迎接"未来的东方朝阳"。

殷夫二姐徐素云（1904—1950），又作徐素韵。1928年任象山县立女子小学校长，接收掩护殷夫、王三川、陈元达。殷夫被害后，为珍藏烈士弟弟的书籍、手稿、日记和书信等遗物煞费苦心。现收入《鲁迅全集》的1929年6月25日鲁迅《致白莽》一信，即是她的儿子马瞻将她早年珍藏的手迹翻拍照片提供给人民文学出版社的

10月，校内外政治环境极为不利，学校里的中共地下组织考虑到殷夫和王三川、陈元达等的安全，决定让他们一起离校，转移到殷夫老家暂避风头。10月下旬，殷夫先行回到象山，在二姐徐素云任校长的象山县立女子小学担任代课教师，殷夫未曾谋面的女友盛淑真也应徐素云之邀来校任教。随后，王三川（此时改名为汪涅夫）、陈元达也先后转移过来，一起在县立女子小学担任代课教师。他们三人以小学教员作掩护，以游览名胜为名，在丹城西寺、东乡珠山、爵溪沙滩、白墩码头等处逡巡徘徊，一起分析研判时局，秘密商讨革命问题，思考如何与党组织重新建立联系的对策，继续隐蔽地从事地下革命活动。

在校期间，他们向师生宣传革命理论，传播革命思想，鼓励同学们努力学习走出县城，去大城市继续求学打拼。课余，他们

现存丹城西寺遗址遗迹纪念碑

殷夫等人在象山曾居住过的西寺，即等慈禅寺

热情辅导学生的文体活动，教同学打篮球，强健体魄。放学后，他们担任导演指导学生排演《逼债》《小小画家》等宣传反剥削反压迫的剧目，揭露封建地主阶级对农民的残酷剥削和寄生虫式的腐朽生活，鞭挞陈腐的封建等级制度，宣传职业无高低贵贱之分的平等思想。节假日期间，他们组织学生在象山城内街头公演话剧，前来观者摩肩接踵、争先恐后，在宣传进步思想和唤醒民众意识方面起到了良好效果。

殷夫等人住在城北的丹城西寺（即等慈禅寺）。由于殷夫的母亲在此拜师带发修行，殷夫常陪伴在母亲身边，他深深了解母亲内心的痛苦，知道她一人抚养儿女历尽艰辛的不易，懂她目睹世态炎凉希冀在宗教信仰中获得安慰与解脱的处境。在献给母亲的诗《东方的玛利亚》中，殷夫写道：

你生于几千年来高楼的地窖，
你长得如永不见日的苍悴地草，
默静的光阴逝去，
你合三重十字架同倒。

其间，殷夫自己的内心世界也陷入"矛盾和交战"之中。在第一次国内革命战争时期，他曾满怀热情投身革命，满以为"光

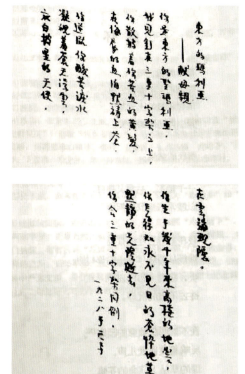

殷夫《东方的玛利亚》手稿
（来源：《殷夫西寺遗诗》）

明，解放，就在前面候等"，突如其来的四一二反革命政变对带有罗曼蒂克幻想的殷夫无疑是一记沉重的打击。紧接着因为"左"倾盲动错误，上海革命运动一再遭遇挫折，党的地下组织不断受到破坏，殷夫也两次被捕入狱……接踵而来的打击使缺乏斗争经验的年轻诗人陷入迷惘，创作了《地心》《归来》《感怀》

殷夫《地心》手稿
（来源：《殷夫西寺遗诗》）

殷夫《归来》手稿
（来源：《殷夫西寺遗诗》）

《我醒时……》《虫声》等诗篇。

诗人这一阶段的诗流露着淡淡的哀愁，有一种悲哀幻灭之感，这是革命低潮形势投射在诗人心灵上的阴影，是风云变幻的时代在年轻知识分子身上的映射。当时不少青年都有这种矛盾表现，是相当普遍的心理现象。而殷夫的可贵之处是他并没有被这种幻灭感所征服，他在绝望中追求着希望，在黑暗里探索着光明。虽然时代正处于革命低潮阶段，但他仍然相信"地火在运行"，总有一天会重新燃烧起来，正如他在《地心》所写的那样：

> 我微觉地心在颤战，
> 于慈大宽厚的母亲身中，
> 我枕着将爆的火山，
> 火山的口将喷射鲜火深红。

殷夫的另一可贵之处是他不隐瞒自己思想的阴暗面，他直率地将自己的情感表达出来，并加以解剖，进行内心的交战，不断克服思想上的偏颇。他在《归来》一诗中，对自己发出这样的呼唤：

> 归来哟！我的热情，
> 在我胸中燃焚，

盛孰真（1911—1995），殷夫在与盛孰真的聚合离散中写下多首抒情诗篇

青春的狂悖吧！
革命的赤忱吧！
我，我都无限饥馑！

在这段时间里，殷夫还在爱情问题上经受了一次波折，引起了内心又一场"矛盾和交战"，并给我们留下了一批情感真挚热烈的爱情诗。

按照盛孰真老人的早年回忆材料所记载，在1926年夏，殷夫与盛孰真彼此通信了解，建立了感情。殷夫替她修改文章、推荐发表，还给她取了个"黛芬"的笔名。1927年殷夫被捕出狱后，曾给她寄来信和一张半身照片，照片背后写着"出狱纪念"。1927年秋，殷夫在盛孰真的帮助下以浙江上虞徐文雄之名报考同济大学。1928年秋，盛孰真应徐素云之邀来到象山县立女子完全小学校任教，与殷夫会面。殷夫称她为"东方的 Beatrice"（Beatrice 原是意大利诗人但丁童年时一见钟情的女孩），创作了《星儿》《给——》《我爱了……》等抒情诗作。

在《星儿》中，他说：

我们，手携手，肩并肩，

殷夫《星儿》手稿
（来源:《殷夫西寺遗诗》）

踏着云桥向前；

星儿在右边，

星儿在左边。

　　从殷夫的诗作中，我们可以看到他们常到象山的一些风景地带游玩谈心。他们曾同登峰峦叠翠的珠山，游酣于绿荫之下；他们曾并坐在西寺的高桥，凝视长松辉映着夕阳；他们曾徜徉在黄沙十里的爵溪，共作游戏言笑晏晏。

　　然而，殷夫的母亲由于误信流言，加上封建迷信观念，坚决反对他们结合，对盛淑真的态度十分冷淡。盛淑真感到委屈，决定离开象山。殷夫对母亲的干涉很不满意，曾写了一首题为《给母亲》的诗陈述自己的看法。但他也不愿太忤逆慈母的意志，因为孤独的老人已有了太多的痛苦，殷夫害怕给她增添烦恼，遂借着母亲的坚决反对，与盛淑真分手。后来，殷夫连续写了《别的晚上》《致F》(F是黛芬的"芬"字的第一个字母)《想》《给——》《旧忆》《死去的情绪》等抒情诗，表达对盛淑真的无限思念。在《给——》中，殷夫满怀深情地写道：

　　姑娘哟，我们的梦已终了，

　　我心中仍把你膜拜尊敬。

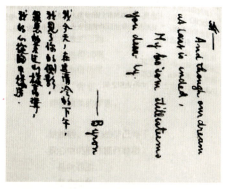

殷夫《给——》手稿
（来源：《殷夫西寺遗诗》）

是我罪恶，

是我残酷。

我见的侧影，

我说："救慰你非我可能"……

殷夫与女友的恋爱中断，一方面由于遭到母亲的反对，另一方面也因为他自己陷入了革命和恋爱的矛盾之中。很多青年革命家那时有一个共同的观念，认为恋爱会妨碍革命，为了使自己能全身心地投入革命而决定结束恋爱，也有不少革命文艺作品以革命与恋爱的矛盾为题材，殷夫难免受到这股思潮的影响，在他的创作中也反映了革命与爱情的矛盾心情。殷夫后来仍与盛淑真有联系，并在革命工作中多次得到这位挚友的帮助，但一直没有进一步发展他们的爱情关系。1929 年，盛淑真写信告诉殷夫她考取了上海的学校，殷夫作诗《写给一个姑娘》作为回信。殷夫以自己的行动表现了对革命事业的纯真忠贞，实践着"生命诚宝贵，爱情价更高；若为自由故，二者皆可抛"的格言。

红色诗人　普罗诗歌代表

在象山老家这一时期，殷夫创作了大量诗歌。目前发现的诗歌作品，包括但不限于：殷夫署名白莽，写作于象山并收入殷夫自编《孩儿塔》的《在一个深秋的下午》《别的晚上》《给——》《旧忆》《死去的情绪》《我醒时……》《现在》（诗）；殷夫署名白莽，写作于西寺并收入《孩儿塔》的《东方的玛利亚——献母亲》《感怀》《地心》《虫声》《青春的花影》《失了影子的人》《我还在异乡》《给——》（另一篇）、《心》《归来》《星儿》《给母亲》

作于西寺诗目（22首）	
东方的玛利亚——献母亲	夜起
感怀	你已然胜利了
地心	我爱了
虫声	自恶
青春的花影	生命，尖刺刺
失了影子的人	Epilogue
我还在异乡	给——（F）
心	残歌
归来	飘摇的东风
星儿	干涸的河床
给母亲	怀拜轮

殷夫故居梳理的殷夫作于西寺的诗目，共计 22 首

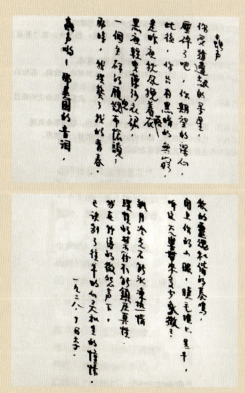

殷夫《虫声》手稿
（来源：《殷夫西寺遗诗》）

《夜起》《你已然胜利了》《我爱了……》《自恶》《生命，尖刺刺》《给——》（又一篇）、《残歌》《飘遥的东风》《干涸的河床》。

此外，1928 年，殷夫创作的不知具体时间的作品还有《致F》《致纺织娘》《花瓶》（诗），署名白莽，收入《孩儿塔》。《独立窗头》（诗）署名白莽，创作于吴淞江滨，收入《孩儿塔》。《孤泪》《给某君》（诗），署名白莽，创作于海滨，收入《孩儿塔》。12 月 8 日，创作《伏尔加的急流——〈党人魂〉在革命艺术上的评价》，署名殷夫，对取材于俄国十月革命的好莱坞电影《党人魂》撰文批判。

苏联汉学家马特科夫所著《殷夫：中国革命的歌手》一书中指出："殷夫 1928 年下半年的作品，在其诗歌中占有很重要的地位。在这些作品中，诗人的精神没有疲惫，又重新振奋起来面对生活，表现了自己准备投入战斗的感情。"从殷夫的诗歌创作中，可以看到一条明晰的曲线：当他投身于战斗，生活在革命组织中，他就充满着朝气和活力，诗歌的格调也显得高昂；当他被隔断了和革命的联系，脱离了集体，他的思想就陷入苦闷，诗歌的情调也就低沉下去。他的喜怒哀乐无不与革命联系在一起。他是一个与革命共生着的诗人。他的思想和诗艺的发展，是他不断追求、不断参加革命实践的结果。

黑格尔说过："诗的出发点就是诗人的内心和灵魂。"殷夫内

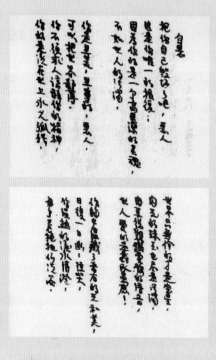

殷夫《自恶》手稿
（来源:《殷夫西寺遗诗》）

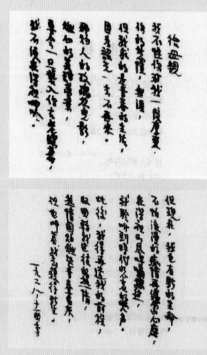

殷夫《给母亲》手稿
（来源:《殷夫西寺遗诗》）

心充满了革命的感情，他写诗不是为了抒发个人的哀怨，他的灵魂与整个革命事业融为一体。他用宝剑蘸着鲜血写成的诗是为了表达千万革命者的心声，读他的诗，我们眼前会出现鲜红的血字、飘扬的战旗、暴怒的人群、激烈的搏斗……我们耳边会震响着鼓声、号角、呐喊……我们会感到一股热潮涌来，感到血液在沸腾。在他的诗中，我们感受到的是崇高的美、斗争的美、力的美。他的诗产生在阶级斗争极其激烈的时代，他的诗属于代表着未来的无产阶级的世界。

他的诗与当时诗坛上风靡一时的新月派、现代派诗歌完全异趣。北伐战争失败以后，反动派肆虐，革命进入低潮阶段，在诗坛上弥漫着的是一种低沉、凄婉的调子。许多被国民党吓坏了的知识分子没有经受住艰苦的考验，退却或直接与反革命妥协了。小资产阶级的诗人们丧失了革命的热情，弹奏着幻灭、感伤的歌。资产阶级作家则打起"唯美"的旗帜，提倡写所谓"圆熟简练，静穆幽远"的纯诗。可是殷夫却在这形势的转折关头，坚定地走革命的道路，唱出了新的歌。他善于运用与内容相和谐的艺术形式，并形成了自己独特的风格。他写的爱情诗，情深意切、格调委婉。他写的小诗，言简意赅，诗意含蕴。早期的抒情诗表现了对旧社会的憎恶和对光明的追求，也带有伤感情绪；后来的革命诗具有强烈的战斗性，对中国现代诗歌的发展贡献不小，是

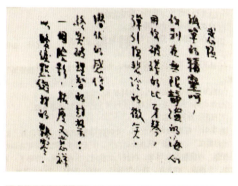
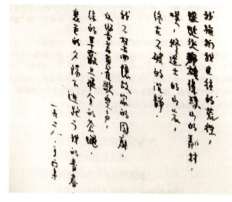

殷夫《感怀》手稿
（来源：《殷夫西寺遗诗》）

无产阶级革命诗派的代表诗人。

中国最早的无产阶级革命诗派是普罗诗派。普罗诗派是 1928 年左右在无产阶级革命文学运动中形成的一个诗歌流派。1927 年大革命失败后，为了适应斗争的需要，无产阶级革命文学运动应运而生，这是政治的要求，也是历史的必然。作为无产阶级革命文学运动的一翼，普罗诗歌也形成一股空前壮阔的潮流。该派以

殷夫《Epilogue》手稿
（来源：《殷夫西寺遗诗》）

蒋光慈、殷夫等太阳社和后期创造社的一些诗人为主干，还包括我们社、前哨社、引擎社、汽笛社以及中国普罗诗社等一大批普罗诗歌新军。普罗诗歌消解了新诗初创时期作品强烈的主观性与个人色彩，发展其"平民化"的趋向，使之纳入无产阶级革命的轨道。普罗诗派的主要诗歌形态——政治抒情诗，侧重严酷现实斗争生活的反映和无产阶级革命情绪的呼唤与鼓荡。歌颂十月革命，歌领中国革命，并把中国反帝反封建革命和无产阶级革命理想结合起来，是这派诗作的重要主题。

作为无产阶级革命诗歌拓荒者的蒋光慈最早站在无产阶级的立场，从大时代的人民革命斗争中汲取诗情，自觉地将自我消融于群众的波涛之中。他于1925年出版的诗集《新梦》，开创了无产阶级诗歌的先河。郭沫若《恢复》(1928)显示出我国无产阶级

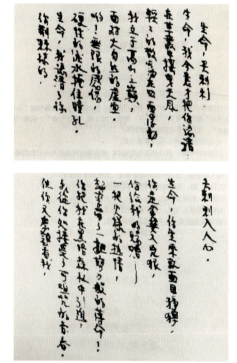

殷夫《生命，尖刺刺》手稿
（来源：《殷夫西寺遗诗》）

革命文学初期诗歌创作的实绩。而站在普罗诗歌艺术顶峰上的殷夫，以他后来创作的红色鼓动诗《别了，哥哥》《血字》等，像集束炸弹般投向敌人营垒。其他如钱杏邨的《暴风雨的前夜》、冯乃超的《流血的纪念日》、冯宪章的《梦后》、洪灵菲的《在货车上》等，无一不是掷向敌人的投枪。可见，普罗诗人们以表现无产阶级的意识形态和阶级力量、推动实际的无产阶级革命运动为己任，在诗歌中展示了高昂的革命热情和革命信心。

然而，就是这样一个难能可贵的无产阶级革命诗歌流派却在20世纪30年代初逐渐沉寂下去。究其原因，客观上是白色恐怖的压迫，创造社被查封、太阳社解散；主观上则是"飞行集会"、罢工游行、暴动巷战等"左"倾错误不合形势要求；同时过分强调诗的社会功利性，大部分诗作陷于概念化，将现实理想化，忽视了艺术审美，存在明显的直露、粗糙和缺乏个性的弊病。总体来看，普罗诗派的创作思想意义大于艺术价值，是个复杂的历史性文学现象。

在无产阶级革命诗派的作者中，殷夫的诗是最富艺术感染力的。20世纪30年代登上诗坛的老诗人力扬曾经指出：殷夫"那些写革命斗争的诗篇，都有着丰富的形象和强烈的感情，而没有他的同时代的诗人们在作品中常常出现的那种标语口号化的缺点。这种缺点，是因为作者缺乏丰富的现实生活作为基础，因

殷夫《飘遥的东风》手稿
（来源：《殷夫西寺遗诗》）

之，在作品中形成形象的贫乏和感情的虚假，常常出现对于革命的空洞的叫喊，和一些革命术语堆积的现象。"(《读殷夫同志的诗》)殷夫是一个有着强烈革命感情和丰富斗争生活体验的人。他和他所敬仰的匈牙利诗人裴多菲一样，既是一个歌者又是一个战士。他并不是站在革命队伍之外高叫着革命，他自己就是革命队伍中的一员，他的个人情感与革命事业达到了最高的融

洽："我已不是我，/ 我的心合着大群燃烧。"(《一九二九年的五月
一日》)他把他的全部感情都在诗篇里喷发出来。丁玲（1904—
1986）高度赞誉他"是一个十足的诗人，同时又是一个勇敢的
战士"，评价道："他是诗坛的骄子，他是新的诗人"(《殷夫选
集·序》)，并说："我还没有读到过象他这样充满了阶级革命感
情的诗。"

在当时复杂残酷的革命时期，为持续发表革命诗篇，避免招
致敌人的围捕，殷夫分别用过白莽、任夫、徐任夫、殷夫、徐殷
夫、沙洛、殷孚、沙菲、莎菲、Ivan 10 个笔名。

白莽：这是他第一次用的笔名，也是用得最多的笔名。自
1924 年写第一首诗《放脚时代的足印》起，以后有许多诗文都用

了白莽的笔名。

任夫：这个笔名只用过两次。1927 年 6 月 5 日，他在狱中写的《在死神未到之前》，发表在 1928 年 4 月 1 日出版的《太阳月刊》四月号时用了这个笔名。第二次，用任夫的笔名写了《呵，我们踯躅于黑暗的丛林里！》，发表在 1928 年 8 月 20 日《我们月刊》第三期。

徐任夫：只用过一次。用在 1929 年 4 月 24 日完稿的小说《音乐会的晚上》，载 1929 年 12 月 15 日《新流月报》第四期。

殷夫：这是一个"较普通的笔名"（鲁迅：《且介亭杂文末编·白莽作〈孩儿塔〉序》）。用这个笔名发表的著译也较多，有《伏尔加的急流——〈党人魂〉在革命艺术上的评价》《血字》《我们的诗》等十篇。经查现已发现的殷夫作品，用殷夫之名发表的最早是 1928 年 12 月 8 日《文艺生活》周刊第二期上的评论电影《党人魂》的文章——《伏尔加的急流》。这是殷夫烈士第一次用殷夫署名发表的作品。

徐殷夫：用这个笔名署名的文章只有《梅儿的母亲》，载 1929 年 5 月《海风周报》第十七期特大号。

沙洛：1929 年开始用的笔名。作品有《继续扩大我们的非基运动》等。关于这个笔名，他自己有段话，说："以前的笔名'沙洛'听说在反动派'龌龊的小刊物'《我们的话》上，也被用作一个署名，我不敢盗美，宣布此后不用了。"（沙洛：《共产国际执委十次全会上的青年问题》，载 1930 年 2 月 10 日《列宁青年》第二卷第八期）

殷孚：殷夫的谐音。用这个笔名发表的作品有 1930 年 1 月 12 日作的《东方殖民地解放运动之发展》、1930 年 2 月 18 日作的《全国青工经济斗争会议的总结》两篇。

沙菲：阿英同志在《殷夫小传》里写作"沙菲"。唯一一次使用该笔名是在 1930 年 2 月 19 日夜作的《踏着"三八"的路向前猛进》。

莎菲：第一次在 1930 年 2 月 19 日夜作的《踏着"三八"的路向前猛进》，署名沙菲，后在《列宁青年》上写关于妇女的评论文章，均用莎菲这一较为女性化的笔名发表。

Ivan：只用过一次。即 1930 年 3 月 11 日晨作的《写给一个哥哥的回信》，载 1930 年 5 月 10 日《海燕》即《拓荒者》第四、五期合刊上。在同期上，一共有殷夫的三篇文章：诗歌《血字》（外六首）、小说《"March 8" S——A sketch》、散文《写给一个哥哥的回信》。大约是为了避免同样名字的重复出现，所以诗歌和小说用了殷夫的笔名，而散文就用了 Ivan 的笔名。这篇散文后来被阿英同志编入《现代文学读本》第一册（1930 年 7 月 1 日上海现代书局出版）时，署名改成了"Ivan"的译音"伊凡"，因此，有不少人把伊凡当作了殷夫的笔名，那是不准确的。

以上是殷夫烈士用过的十个笔名，此外，徐白、徐文雄别名也可说是一种笔名，另还有白、庸夫作自称。

徐白：小时在家即用徐白名字。1923年夏考入上海民立中学读书，1926年夏考入上海浦东中学高三级，都用徐白。据殷夫青年时代的友人"真"相告，1927年夏已用"徐白"名字同她通信。在熟人中也自称徐白。所以鲁迅在《白莽作〈孩儿塔〉序》中说："他却叫徐白"。他用这个名字发表的作品有：1929年8月16日根据维也纳出版的英文版《国际通信》第九卷第二十九号翻译了《一个青年女革命家的小史——Stoya Markovich的自述》，刊载在1929年11月20日《列宁青年》第二卷第四期上，译文后面还写了《译者附记》。1928年秋，殷夫第二次被捕，经大嫂托人保释出狱，居家乡一个时期后，1929年初又重返上海，从事团的工作，并参加团刊《列宁青年》编辑，在《列宁青年》上发表了诗、散文、政论和翻译作品等。如《又是一笔血债——为"四三"惨案死难者及刘义清烈士复仇!》《今年的五一》《拥护全国苏维埃代表大会》《冲破资产阶级的欺骗与压迫》等都是用徐白的署名发表在《列宁青年》上的。

徐文雄：1928年2月，殷夫用徐文雄名字向创造社的《文化批判》投寄"读者来信"。这封"读者来信"由编者加上《被奥伏赫变的话》的标题，刊登于 1928 年 3 月 15 日《文化批判》第三期上。

白：今存鲁迅博物馆有用"白"的署名写给他二姐徐素云的一封信（1930 年 7 月 7 日）。

庸夫：据盛孰真所说，殷夫曾用"庸夫"与她通信。

如把徐白、徐文雄两个别名算在内，现在已找到殷夫使用十二个笔名发表的诗、文和翻译作品。随着现代殷夫研究工作的日益活跃，期待发现新的材料。

| 四 |

是进军的第一步

YIN FU

我是一个叛乱的开始，我也是历史的长子，我是海燕，我是时代的尖刺。

——殷夫《血字》

不相为谋　与兄分道扬镳

1928年底，象山县立女子小学放寒假。同年年底，陈元达、王三川先后离象返沪。殷夫亦欲同往，但因大嫂此前为营救殷夫出狱已耗费了不少财力，家里还供养着弟、妹的生活，手头经济较为拮据，无法再为殷夫出行提供盘缠。囿于此，殷夫迟迟未能同行。殷夫无时无刻不思念着上海的同学、战友，特别是失去联系的党组织，1929年于西寺创作了诗歌《怀拜伦》：

> 瞌睡或会过于深沉，
> 你的精神可别让迷昏。
> 即使你现在还感得孤独，
> 你也定耐得短期的候等。

在家过了春节，直到1929年初春，殷夫决计要离开故乡重返上海。二姐徐素云在大革命时期就读于杭州蚕桑学校，其间加入了共青团，还曾遭到过反动派的追捕。她理解殷夫的心意，决

象山白墩码头原为宋朝官渡遗址，是象山县最重要海上交通枢纽，现为渔民下海作业的起始点，仍保留码头的原始风貌

定为殷夫提供物资支持。在她的劝说下，母亲和大姐终于答应了殷夫回沪的要求。1929年春，母亲和大姐把他送到了象山东乡虎啸铺的白墩码头。

母亲和大姐依依不舍，千叮咛万嘱咐，劝告殷夫在外闯荡切要安分守己，小心行事。殷夫随声应和着，迫不及待地登上了开往宁波的船只，辗转回到了战斗的黄浦江畔。在《写给一个姑娘》一诗中，他庄严宣告：

我不是清高的诗人，
我在荆棘上消磨我的生命，
把血流入黄浦江心，

或把颈皮送向自握的刀吻。

回到上海后，由于学校环境对中共党员极为不利，殷夫并没有继续回校就读。算下来，殷夫在同济大学一共学习了两个学期又一个多月。同济大学档案馆保存的 1934 年 3 月编印的《国立同济大学概览（1934）》上，在中途离校同学录中，可见"徐文雄，别号元白，年龄二四，籍贯浙江上虞，通讯处象山城隍庙隔壁徐第"。

这个记述和前述 1928 年 9 月编印的《国立同济大学二十周

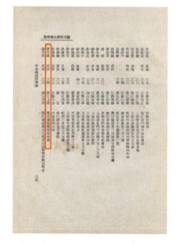

《国立同济大学概览》（1934）中的"中途离校同学录"

年纪念册》第296页上，德文补习科第一年级乙组学生名单中"徐文雄，号之白，年龄十九，籍贯浙江上虞，通讯处象山城隍庙隔壁徐第"记载基本相同，只是别号一作"之白"，一作"元白"。经过学者丁景唐的研究，认为"元"和"之"字形相似，极易印错。1928年9月编印的《国立同济大学二十周年纪念册》出版在先，徐文雄号之白是可信的，1934年3月编印的《国立同济大学概览（1934）》出版在后，"元白"显系"之白"的排误。

当时，同济大学德文补习科要两年毕业，所以1934年同济大学校刊的离校同学录就推算殷夫时年二十四岁，而实际上，此时殷夫已牺牲三年了。阿英《殷夫小传》上说，殷夫1927年秋天第一次被捕后释放出来不久，"进了同济大学，在那里读了将近两年的书，学得了可以自由地阅读德文。自1929年脱离了学

《国立同济大学概览》（1934）

校，便专心参加革命工作，特别是青年工人运动。"一定程度上，也为殷夫 1929 年离开同济大学提供了佐证。

因缺少家庭资助和经济来源，又离开了学校，尚找不到途径与党组织联系，殷夫过着极其艰苦的流浪生活，经常是有了上顿没下顿，有时一天就啃两只大饼，甚至不得不靠典当衣物维持生活。他一面踯躅上海街头寻找党组织，一面在流浪中观察着现实社会，并把他的切身感受熔铸成作，勉强靠写作维持生计。他在《King Coal——流浪笔记之一》（刊登在《萌芽月刊》第 1 卷第 1 期，1930 年 1 月 1 日）记述了他艰难的情况："生活十二分的不安定……每日趿着这漏了底的破鞋，整天的东跑西走，混着饭或讨些钱度日。""我抬头在镜上看见我自己的样子，头发、胡须两个月不曾修剪，真弄得像刚才出狱的犯人一般了。"

《萌芽月刊》第 1 卷第 1 期，1930 年 1 月 1 日

在帝国主义铁蹄下的大上海，阶级斗争尖锐，社会矛盾突出。艰难的流浪生活让殷夫更加深入了解了社会底层的生活，先后写出《无题的》《春》《赠朝鲜女郎》《春天的街头》《短期的流浪中》等诗篇揭露统治阶级的真正本质，批判黑暗的现实社会。他在《梦中龙华》悲愤地描写上海已经变成了一个被国民党残酷统治的上海，一个外国帝国主义和国内反动派势力集中的中心：

呵，吃人的上海市，

铁的骨骼，白的齿，

马路上扬着死尸的泥尘，

每颗尘屑都曾把人血吸饮。

流浪生活更激起他对旧势力的愤恨，恨不得立即投身到粉碎旧世界的斗争中去，但因无法与组织接上关系，还游离于斗争之外，遂感到自己软弱无力，不免伤感起来。他感受着砭骨的寒冷，祈求着春天的微温，心中燃起斗争的火焰。正如他在《春》中发出的希望般的呼声：

春，带着你油绿的舞衣，

来吧，来弹动我的心弦！

我的心已倦疲，

我的创伤十分深陷，

我久寂的心弦望你挥弹。

殷夫还关注到国际社会主义和人民解放运动，创作了诗歌《赠朝鲜女郎》。在诗中描写在日本帝国主义压迫下的朝鲜人民的苦难，表达对朝鲜人民的理解和同情，并鼓动他们奋起反对外国奴役者：

女郎，愤怒地跳舞吧，

波浪替你拍着音节，

把你新生的火把燃起吧！

被压迫者永难休息！

经过一段时间的流浪生活后，1929 年 3 月，殷夫终于与党组织恢复了联系。从此，他结束了学校生活，成为一个从事地下工作的青年革命家。这时的殷夫极度兴奋，诗歌的抒情风格也变得格外激越澎湃。4 月间，为了革命斗争的需要，他写下《血字》组诗和《一九二九年的五月一日》组诗等一类被称誉为"红色鼓动诗"的革命战歌。

1930 年 5 月《拓荒者》第四五期合刊

1929 年 4 月 12 日，在四一二反革命政变两周年之际，殷夫写下《别了，哥哥》一诗，后以《血字》组诗发表在 1930 年 5 月《拓荒者》第四五期合刊上。《血字》是殷夫第一组充满了革命激情的红色鼓动诗。这组诗一共七首，标志着殷夫诗歌革命战斗特色的形成。作为年轻的革命家和诗人，他以诗作为战斗的号角，鼓舞着群众的斗争。在《别了，哥哥》一诗中，殷夫正气凛然地宣布与在国民党反动当局任职的大哥彻底决裂。《别了，哥哥》是殷夫与反动统治阶级彻底决裂的宣言书：

在你的一方，哟，哥哥，

有的是，安逸，功业和名号，

是治者们荣赏的爵禄，
或是薄纸糊成的高帽。

只要我，答应一声说，
"我进去听指示的圈套"，
我很容易能够获得一切，
从名号直至纸帽。

但你的弟弟现在饥渴，
饥渴着的是永久的真理，
不要荣誉，不要功建，
只望向真理的王国进礼。

　　殷夫有三个哥哥，彼时，大哥徐培根于德国陆军参谋大学留学，官至陆军上将、国民政府航空署署长等要职；二哥徐兰庭也在国民政府担任职务；三哥徐文达是上海某造纸厂厂长。殷夫的哥哥们与上海宪兵队、警察局、检察机关的关系密切。他们中尤以大哥徐培根最为决心劝说殷夫脱离革命，并答应给他金钱、名誉、政府高官等"一切好处"，还允诺送他到德国留学，逼迫殷夫脱离革命斗争。然而，任何利益都不能动摇青年革命者的决心。

殷夫对哥哥们"关怀"的回答是《别了，哥哥》，极为明确地表达了自己的阶级立场。该诗的副题是"作算是向一个 Class 的告别词吧！"，"Class"（阶级）一词放在这里并非偶然，所以这首《别了，哥哥》不仅仅是向哥哥个人的告别，而是向哥哥所隶属阶级的告别。崇高的革命英雄主义和革命浪漫主义在这首诗中有机地统一在一起，诗的主人公坚毅高大的形象矗立在我们眼前，他作为伟大的不可战胜的无产阶级集体的一员坚定投入与敌人的战斗中来。需强调指出的是，该诗写于 1929 年 4 月 12 日，正是蒋介石发动反革命政变两周年之时。所以此时殷夫坚定地与剥削阶级"告别"，再次表明他始终同无产阶级及马克思列宁主义紧密联系在一起。

三次入狱　巨擘共擎赤帜

为了防备敌人搜捕，殷夫还多次迁居。尽管环境恶劣、生活艰辛，但他坚持以诗歌为武器，革命的决心丝毫没有动摇。在紧张的群众工作之余，他坚持创作，其作品与前几年相比思想性更加成熟，艺术上更趋精美，内容和形式也更加丰富多样。仅 1929 年，殷夫创作的诗歌、散文、小说等就超过了 50 篇。为了鼓舞群众革命斗志，在表达具有强烈政治内容的主题时，他形成了旋

律急速、节奏强烈、音调铿锵的红色鼓动诗诗歌风格。如《意识的旋律》末节:

最高,最强,最急的音节!

朝阳的歌曲奏着神力!

力!力!力!大力的歌声!

死!胜利!决战的赤心!

朝阳!朝阳!朝阳!

憧憬的旋律到顶点沸扬,

金光!金光!金光!

手下生出伟大翅膀,

旋律离了键盘,

直上,直上天空飞翔,飞翔!飞翔!

这种诗的表现形式,与他所写的爱情诗、小诗的风格完全不同,继承了五四时期郭沫若等自由诗的战斗传统,吸收了拜伦、裴多菲等国外诗人的艺术经验,融合为自成一格的红色鼓动诗。为便于朗诵,他还注意克服自由诗的散文化倾向,使诗行大体整齐并具有一定的韵律。在《我们是青年的布尔塞维克》中,就有整齐、押韵、音调铿锵的诗句:

在你们的头顶上，

我们建筑起新都，

在你们的废墟上，

我们来造条大路，

共产主义的胜利，

在太阳的照耀处。

　　殷夫此时期的红色鼓动诗是作为战士的诗人从充满着血与火的革命斗争第一线呼喊出来的，诗中的意象大多来自实际生活的感受。诗中的呐喊是借助于丰富诗歌形象且饱含着高昂革命激情的呐喊，是借助于来自斗争生活的诗性呐喊，因而能叩击读者的

1930 年 5 月 1 日《萌芽月刊》第 1 卷
第 5 期 "五月各节纪念号"

神经和心灵。

　　在五卅惨案发生四周年之际，他撰写组诗《一九二九年的五月一日》，后发表在 1930 年 5 月 1 日《萌芽月刊》第 1 卷第 5 期"五月各节纪念号"，在当时社会产生了积极广泛的影响。《一九二九年五月一日》无疑是殷夫红色鼓动诗歌中颇具代表性的一首：

呵，响应，响应，响应，
满街上是我们的呼声！
我融入于一个声音的洪流，
我们是伟大的一个心灵。

满街都是工人，同志——我们，
满街都是粗暴的呼声，
满街都是喜悦的笑，叫，
夜的沉寂扫荡净尽。

呵哟，这是一阵春雷的暴吼，
新时代的呱呱声音，
谁都溶入了一个憧憬的烟流，

谁都拿起拳头欢迎自己的早晨。

这里，诗人不是一个人在歌唱，他是和他的同志、和广大的工人群众一起在罢工示威游行中"暴吼"，是无产阶级对新时代的憧憬，也是诗人对现代革命历史宏大场景的形象再现。无产阶级的理想、信念、气势、斗志，在殷夫饱满的革命诗绪中畅达地宣泄出来。

殷夫的诗是动的而不是静的，从他的诗的节奏里，能够听到无产阶级在大时代的铿锵步调和对光明世界的憧憬，感受到那些努力争取自由的人们的热情和力量。诗人感情真挚充沛，文字委婉细腻，风格健朗活泼，开阔的视野、宏大的气魄、明快的节奏、丰富的幻想充分表现出殷夫的革命诗人气质。

殷夫诗歌研究学者赵学勇研究表示，殷夫这一时期的诗典型地反映了 20 世纪 30 年代革命意识形态的巨大转型——从个人主义到集体主义，从个人意识到阶级意识，从家庭桎梏到广阔社会，从个人的叛逆到阶级的觉醒，并且建构起新的革命伦理。在殷夫那里，抒情主人公不再是"我"而是"我们"。抒情主体身份转变意味着中国新诗主体精神的转变，它使得五四时期那种个人化的自我抒情被抛弃了，代之而起的是群体的"我们"发出的时代大音，这是一种历史的创造、想象和抒情。

鲁迅（1881—1936）原名周树人，现代文学家、思想家。1930年起，先后发起和参加了中国自由运动大同盟、中国左翼作家联盟和中国民权保障同盟等进步团体

　　在殷夫短暂的政治生涯中，1929年可谓具有特殊的意义。这年，他和哥哥"告别"，与家庭决裂，也告别了心爱的姑娘，隐埋了爱情。也是在这年，他得到了无数志同道合的师长、战友、朋友的帮助和引领。在这些人中，应该特别提到鲁迅。

　　殷夫与鲁迅的真挚友谊是中国无产阶级文学史上一段佳话，一个是文坛老将，一个是诗坛新兵，这一对忘年之交是怎样在战斗中凝结而成的呢？

　　与殷夫的关系，鲁迅在《为了忘却的记念》文中有所追述。1929年5月，殷夫用白莽的笔名向鲁迅主编的《奔流》杂志投寄他所翻译的抒情诗篇《彼得斐·山陀尔行状》。据《两地书》记载，许广平在14日下午向鲁迅写信说："今日收到殷夫的投《奔流》的诗稿，颇厚。先放在书架上，等你回来再看。"6月，鲁迅由北京省亲返回上海看到译稿，立即决定在《奔流》上刊用，并发信向殷夫索取投稿译文的德文原文以备核校。

关于第一次见面，鲁迅说："我们相见的原因很平常，那时他所投的是从德文译出的《彼得斐传》，我就发信去讨原文，原文是载在诗集前面的，邮寄不便，他就亲自送来了。看去是一个二十多岁的青年，面貌很端正，肤色是黑黑的，当时的谈话我已经忘却，只记得他自说姓徐，象山人；我问他为什么代你收信的女士是这么一个怪名字（怎么怪法，现在也忘却了），他说她就喜欢起得这么怪，罗曼谛克，自己也有些和她不大对劲了。就只剩了这一点。"自此，殷夫开始同鲁迅发生联系，得到鲁迅的热情关怀、培养和帮助。

从1929年6月到1931年1月，《鲁迅日记》有关殷夫的记载有十八次之多：

1929年——
6月16日　下午复白莽信。
6月25日　下午得白莽信。
6月26日　托柔石寄白莽信。
7月4日　午后白莽来。

7月11日　上午得白莽信。

7月12日　午后得白莽信并诗。

8月4日　午得白莽信。

8月16日　得白莽信并稿。

8月17日　上午得白莽信。

8月18日　下午白莽来，付以稿费廿。

9月14日　午后得白莽信并诗。

9月18日　晨寄白莽信。

9月21日　下午白莽来，付以泉五十，作为稿费。

11月10日　得白莽信。

1930年——

2月24日　得白莽信并稿。

2月25日　午后得白莽信。

3月14日　上午得白莽信。

1931年——

1月15日　下午以 Strong 之《Chinas Reise》赠白莽。

　　1929年6月16日的《鲁迅日记》上第一次出现了白莽的名字："下午复白莽信。"这就是鲁迅在《为了忘却的记念》中写到的第一次记殷夫来访的事。24日，殷夫把他收藏的德文版《彼得

裴多菲·山陀尔（1823—1849），匈牙利的爱国诗人、革命诗人，也是匈牙利民族文学的奠基人，资产阶级革命民主主义者

斐诗集》（彼得斐现通译裴多菲）送到了鲁迅家里，这是同样热爱裴多菲的青年诗人和伟大作家的第一次见面。

被誉为匈牙利"一朵带刺的玫瑰"的裴多菲一生创作留下了八百多首具有鲜明人民性的抒情诗，八部长篇叙事诗，以及小说、政论、戏剧、游记等丰厚的文学遗产，继承与发展了启蒙运动时期文学的战斗传统和民族风味，还奠定了匈牙利民族文学的基石。更可贵的是，在预感到起义风暴来临时，他没有丝毫的迟疑，毅然投入起义大军，迅速完成了由一位抒情诗人到革命者的转变："我用我的诗作战……/ 每一首诗就是一个能征善战的战士"，"倘若我必须死亡 / 就让我阵亡在战场上！"一个多世纪以来，匈牙利革命诗人裴多菲作为争取民族解放与文学革命的一面旗帜，得到全世界的公认。

早在 1907 年，鲁迅在日本留学的时候就在《摩罗诗力说》文论中详细介绍了这位匈牙利诗人的事迹。后来又翻译了《匈牙利文学史》中的一章《裴彖飞诗论》，并作了前言。之后又翻译了裴多菲的抒情小诗，其中《太阳酷热地照临》发表在《语丝》周刊上，另一首《希望》在自己的散文诗《希望》中引用。鲁迅在《〈坟〉题记》中说："其中所说的几个诗人，至今没有人在提起，也是使我不忍抛弃旧稿的一个小原因。他们的名，先前是怎样地使我激昂呵，民国告成以后，我便将他们忘却了，而不料到他们竟又时时在我的眼前出现。"裴多菲就是鲁迅不能忘却的诗人之一，当国民党反动派血腥屠杀革命者的时候，当中国的劳苦大众挣扎在水深火热之中的时候，裴多菲的形象就又复活在鲁迅心中。因此当他看到殷夫投寄的《彼得斐·山陀尔行状》时，感到十分欣喜和激动。他发现了一个和他当年一样"热爱彼得斐的诗的青年"。

　　对于第一次见面，殷夫的同乡、"少年同学时代且曾换过兰谱的拜盟兄弟"姜馥森在《鲁迅与白莽》中补充道："局外人不明底蕴，当然鲁迅的话可靠，不过鲁迅的住址是秘密的，一位投稿人无从知道他，而他亦不会轻率地与不相识者会面。据当时白莽告诉我：他很早要想会见鲁迅了，因了柔石的介绍而得睹丰采，不过初次见面时，他不愿意多说话，后来知道我是宁波府属

殷夫交给鲁迅的诗集，题《裴特斐》（封面）。
（来源：中国左翼作家联盟成立大会会址纪念馆）

的人，他带着幽默的神情说：'那很好，现在是说裙带关系同乡关系的时代，那我们正是宁绍的大同乡，不是宁绍公司有新宁绍老宁绍的轮船么？'大家在一阵狂笑中分手了。"

可以看出，殷夫和鲁迅的第一次见面是因着柔石的引荐。见面后，鲁迅的话不多，"夜里，我将译文和原文粗粗的对了一遍，知道除几处误译之外，还有一个故意的曲译。他像是不喜欢'国民诗人'这个字的，都改成'民众诗人'了。第二天又接到他一封来信，说很悔和我相见，他的话多，我的话少，又冷，好像受了一种威压似的。我便写一封回信去解释，说初次相会，说话不多，也是人之常情，并且告诉他不应该由自己的爱憎，将原文改变。"同时，鲁迅在信中希望他"再译十来篇诗，一同发表"，并把自己珍藏的两本裴多菲的集子郑重其事地托柔石同信一起送去。

九天以后，即 7 月 4 日，殷夫将九首译诗《黑面包及其他（诗八篇）》(诗题为《黑面包》《在野中》《酒徒》《我要变为树》《听哟，那迷人的……》《原野有小鸟》《生与死》《我的爱情——不是……》《雪哟，大地的……》) 送交鲁迅。鲁迅为了校阅译文，将殷夫送来的德文版《彼得斐诗集》留下，而将自己在日本留学时买来留在身边的两本《彼得斐诗集》托柔石送赠殷夫。其后，殷夫用白莽的笔名在鲁迅主编的《奔流》第二卷第四期上发表抒情诗四首，第二卷第五期上发表译文《彼得斐·山陀尔行状》一篇和彼得斐·山陀尔译诗九首。

当时殷夫生活极不安定，正如他在译诗后记中所写，是处于

《奔流》月刊，鲁迅先生在上海创办并亲自主编的第一份文学刊物，1928 年 6 月 20 日创刊，北新书局发行，1929 年 12 月 20 日出至第 2 卷第 5 期停刊，共出版 15 期

"穷愁病梦四骑士的困扰之中"。鲁迅对殷夫十分关心,第二次见面时,便立即借钱给他帮助解决困难。此后,殷夫将自己的稿件陆续寄给鲁迅,鲁迅不但给予热情的支持和帮助,而且数次送书,提供创作和翻译的材料。对于殷夫的来稿,鲁迅总尽量优先给予刊载,《奔流》停刊以后,鲁迅就将他的稿子推荐到《萌芽月刊》《巴尔底山》等刊物上发表:

1930年1月1日《萌芽月刊》第一卷第一期:《King coal——流浪笔记之一》(小说);

1930年3月1日《萌芽月刊》第一卷第二期:《监房的一夜》(随笔);

1930年4月1日《萌芽月刊》第一卷第四期:《小母亲》(小说);

1930年4月1日《萌芽月刊》第一卷第四期:《囚窗》(诗)(署名:白莽);1930年4月1日《萌芽月刊》第一卷第四期:《前进吧,中国!》(诗)(署名:白莽);

1930年4月11日《巴尔底山》第一卷第一期:《奴才的悲泪》(诗)(署名:白莽);

1930年5月1日《萌芽月刊》第一卷第五期《5月各节纪念号》上:《1929年的五月一日》(诗);

1930 年 4 月 11 日在上海创刊，以抨击黑暗政治，宣传苏维埃革命为宗旨。"巴尔底山"是游击队或突击队"Partisan"的音译。殷夫作诗《巴尔底山的检阅》发表在 1930 年 5 月 21 日该刊第 1 卷第 5 号，署名白莽

殷夫木刻像

1930 年 5 月 21 日《巴尔底山》第一卷第 5 号:《巴尔底山的检阅》(署名:白莽)。

　　鲁迅对殷夫的关怀不仅表现在帮助殷夫发表诗文,而且还具体指导殷夫的写作。1930 年 6 月 25 日的《鲁迅日记》中有这样的记载:"我想,要快而无重复,还是译短篇。"鲁迅以丰富的人生阅历谈了诗坛上的一些怪现象,告诉殷夫不要太相信预告者的话。只要自己认定是一本有价值的好书,就可以大胆去翻译;但为了少走弯路,减少重复,早出成果,"还是译短篇"为好。鲁迅的教诲使殷夫深受教益,从他翻译的诗、随笔等都说明他对鲁迅的教诲是心领神会的。

　　1929 年 7 月,殷夫在参加上海丝厂工人罢工斗争时第三次被捕入狱,他没有让大哥大嫂来保释,以免再受他们的束缚。在狱中,面对严刑审讯,他坚贞不屈,拒不泄露半点秘密,始终没有暴露身份。国民党当时没有抓到足够的证据,一个多月后将他释放。

　　出狱后,殷夫非常落魄。鲁迅在《为了忘却的记念》和《白莽作〈孩儿塔〉序》中对此曾有记叙。8 月 18 日,"我们第三次相见,我记得是在一个热天。有人打门了,我去开门时,来的就是白莽,却穿着一件厚棉袍,汗流满面,彼此都不禁失笑。这时他才告诉我他是一个革命者，刚由被捕而释出，衣服和书籍全被没收了，连我送他的那两本；身上的袍子是从朋友那里借来的，没有夹衫，而必须穿长衣，所以只好这么出汗。"

由于当时"左"倾错误给革命造成重大损失，殷夫一时找不到党的地下组织，也不知道去哪里，而且身无分文，只能再次过着流浪生活，靠写作卖文为生。殷夫穿着一件厚棉袍汗流满面地去见鲁迅，坦诚地告诉他因参加革命工作被捕的情况。鲁迅破例垫付了 20 元稿费，"我很欣幸他的得释，就赶紧付给稿费，使他可以买一件夹衫，但一面又很为我的那两本书痛惜：落在捕房的手里，真是明珠投暗了。"

按规定，鲁迅只担任《奔流》编辑，是不负责稿费支付的，但鲁迅却为殷夫打破惯例，在经济上支持援助殷夫。从中可以看

1929 年 8 月《鲁迅日记》记载与殷夫（白莽）的交往

出，鲁迅对这个"如我的那时一样，热爱彼得斐的诗的青年"是体贴关怀的，他知道像殷夫这样的革命者为革命工作，经济上比较困窘，所以他总催着出版社及时付给稿费，有时自己垫付，甚至借稿费名义予以帮助。《鲁迅日记》中载：8月18日，"下午白莽来，付以稿费廿。"9月21日，"下午白莽来，付以泉五十，作为稿费。"鲁迅和殷夫之间不仅是文学导师和青年作者的关系，也是同志和战友的关系。一个文坛泰斗，一个诗坛小将，因为共同热爱爱国诗人裴多菲，而走到一起来了。

担任团干　超越诗人符号

好在殷夫的流浪生活很快就结束了，不久，殷夫就恢复了组织关系。1929年11月，殷夫被任命为共青团中央宣传部干事，专门从事党领导的青年反帝大同盟、共产主义青年团方面的工作，参与团中央机关刊物《列宁青年》和党领导的青年反帝大同盟刊物《摩登青年》的撰稿和编辑工作。此后，他完全地投入革命斗争中，走上了职业革命家的道路。

《列宁青年》系土地革命战争时期中国共产主义青年团中央委员会机关刊物，为共青团中央机关主办的半月刊，是一个以革命青年为主要读者的综合性政治刊物，前身为中国社会主义青年团创办的机关刊物《中国青年》和1927年11月7日创刊的《无

《列宁青年》第一卷第 1 期，
1928 年 10 月 22 日创刊号

产青年》（现存 5 期）。继《无产青年》停刊后，于 1928 年 10 月
22 日在上海秘密创刊出版，半月刊。华岗（1903—1972，笔名少
峰）、陆定一（1906—1996）、徐宝铎（1908—?，又名鲍图、骆
驼）先后任主编。办刊宗旨是鼓励青年积极投入革命斗争。在发
刊词中鲜明告诫青年："曾经站在青年最前线的主要地位，而为
革命重要动力的中国工农贫民青年群众，在国民党的统治下，受
着比以前更严重的痛苦，在新的苏维埃革命阶段中，青年的地位
与任务是更加重大了！"

　　该刊自创刊号到第 37 期为半月刊，38 期开始在实行团工作
转变的背景下，编者认为半月刊是一个主要缺点，"不能很迅速

地传达中央的路线，很迅速地披露青年斗争的消息与鼓动青年的斗争，很迅速地给他人对青年的进攻以及时的回答。"遂从半月刊改为旬刊，每十天出一刊。出版三期旬刊后，又由旬刊改为周刊。

另外，由于该刊是秘密发行，在恶劣环境下，从第 8 期开始多次伪装封面。目前已知封面曾用《美满姻缘》《何典》《列强在华经济的政治的势力及其外交政策》《青年杂志》《国庆纪念》《青年半月刊》《青年旬刊》《灾荒里青年》《光明之路》《建设杂志》《华央》《春梦》等。其中，第一卷第 8—9 期合刊使用伪装封面《美满姻缘》，第一卷第 10、11 期使用《何典》，第一卷第 12、13 期使用《列强在华经济的政治的势力及其外交政策》，第一卷第 14、16、17、18、19、20、21、22、23、24 期及第二卷第 9 期使用《青年杂志》。第二卷第 1 期（总第 25 期）使用《国庆纪念》，第二卷第 2、3、4、5、6、7、8、10、11、12、13 期使用《青年半月刊》。从第二卷第 14 期（总第 38 期）开始改为旬刊，6 月号三期均使用《青年旬刊》封面。1931 年出版第 10 期使用《灾荒里青年》，1932 年第五卷第 3 期使用《光明之路》，第 4 期使用《建设杂志》。1933 年复刊的第二卷第 12 期使用《华央》，第 13 期使用《春梦》。

该刊大量刊发团中央的决议、宣言，介绍团的会议，如《少

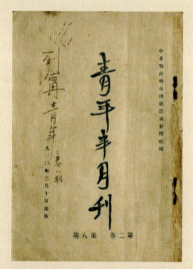

《列宁青年》第二卷第8期封面
（来源：中共一大纪念馆）

《列宁青年》第二卷第13期封面
（来源：中共一大纪念馆）

《列宁青年》第二卷第15期封面
（来源：中共一大纪念馆）

年共产国际第五次大会》《中国共产青年团五次大会的总结与精神》《中国共产青年团告劳动青年书》《中国共产青年团代表在国际十次全会上的演词》《中国共产青年团"五一"宣言》等。同时，注重译载少共国际的文件和反映国际青年运动经验、青年问题讨论的文章，为加强中国青年运动与国际青年运动的联系、借鉴国际团的有益经验提供了平台。该刊介绍工农青年受压迫剥削的情况、国际青年运动经验、青年问题讨论的文章和青年战士传记等，积极宣传马克思列宁主义，鼓励革命青年积极参加彻底反帝、反军阀战争及反国民党的反动统治斗争，号召"革命的青年，只有更加勇猛的，踏着无数阶级先锋的鲜血，在列宁的领导下，冲倒反动统治的铜墙铁壁，获得阶级的自由与解放"，并指明"本刊为中国青年工农一切被压迫青年的喉舌，以指导正确的共产主义运动路线为职志"。《列宁青年》在发行期间，正是党内由"左"倾思想统治时期，自 1930 年 8 月 24 日第 41 期起改为报纸形式出版，随中共中央机关报《红旗日报》发行，1932 年团中央随中共中央迁往江西革命根据地后停刊。目前能见到的最后一期是 1932 年 5 月出版的第五卷第 4 期。

学者丁景唐表示，《列宁青年》的发现是研究殷夫烈士生平及其创作思想的一个极其重要的收获。在国民党白色恐怖时期，文章、书籍和期刊的作者为了尽力回避书报检察机关，常常隐瞒

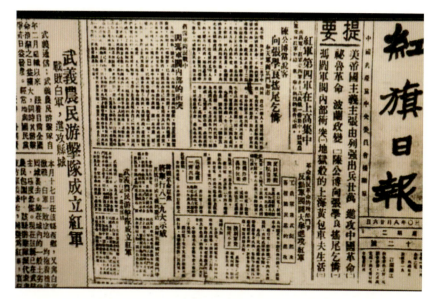

1930 年 8 月 26 日的中共中央机关报《红旗日报》，在头版重要位置报道了《武义农民游击队成立红军》

自己的名字和工作单位。党的机关刊物《布尔塞维克》《红旗》和其他机关刊物都以教科书题目为封面，甚至瞿秋白为鲁迅一部文集撰写的序言都冠以其他书名出版。许多现代文学史研究工作者因为长期以来并未见到过这个刊物，不仅缺乏研究的资料，也作了一些不确切的推测和记载。如有的学者称《列宁青年》为工人刊物，有的学者从殷夫担任过《列宁青年》的编辑进而推论殷夫在这个刊物上写了许多红色鼓动诗和小说随笔。

事实上，殷夫采用徐白、沙洛、殷孚、沙菲等笔名，在《列宁青年》上共发表了二十八篇作品，其中政治论文等二十一篇，文艺作品七篇。具体文章信息如下：

　　1929 年 11 月 10 日，第二卷第 4 期，徐白译《一个青年女革命家的小史》

　　1930 年 1 月 1 日，第二卷第 6 期，沙洛作《过去文化运动的缺点及今后任务》《继续扩大我们的非基运动》

　　1930 年 1 月 16 日，第二卷第 7 期，殷孚作《东方殖民地解放运动之发展》，沙洛作《李卜克内西的生平事略》

　　1930 年 2 月 10 日，第二卷第 8 期，沙洛作《血淋淋的"一一三"惨案》《共产国际执委十次全会上青年问题》

　　1930 年 2 月 25 日，第二卷第 9 期，殷孚作《全国青工经济斗争会议的总结》，沙菲作《踏着"三八"的路向前猛进》，沙洛译《"少年国际纲领的序言"》

　　1930 年 3 月 20 日，第二卷第 10 期，沙洛译《新的路线——少共国际主席团给各国团的信》《青年的进军曲》

　　1930 年 4 月 10 日，第二卷第 11 期，徐白作《又是一笔血债——为四三惨案死难者及刘义清烈士复仇！》

　　1930 年 5 月 1 日，第二卷第 12 期，徐白作《今年的

五一》《拥护全国苏维埃代表大会》《冲破资产阶级的欺骗与压迫》，莎菲作《暴风雨的前夜——公共汽车电车大罢工》《五一歌》

1930年5月25日，第二卷第13期，徐白作《拥护苏维埃代表大会与少年先锋队工作的转变》《在红军中的宣传教育工作》，莎菲作《改组派的卑劣面目》《斗争（独幕剧）》

1930年6月10日，第二卷第14期，6月号旬刊第1期，总第38期，莎菲作《政治罢工，示威援助高昌庙兵工厂惨案》

1930年6月20日，第二卷第15期，6月号旬刊第2期，总第39期，莎菲作《我们是青年的布尔塞维克（诗）》

1930年8月24日，周刊第1期，总第41期，徐白作《周刊的"列青"》

1930年9月7日，周刊第2期，总第42期，徐白作《以暴动的精神来纪念今年的国际青年节》

1930年9月14日，周刊第3期，总第43期，徐白作《一部青工必读的书籍》

1930年9月21日，周刊第4期，总第44期，徐白作《为党的正确路线奋斗！》

殷夫以《列宁青年》为阵地，以笔为枪，不知疲倦地工作，翻译政治论文，评论时事政治，撰写独幕剧、文艺论文，差不多每期都有他的文章，甚至一期用不同笔名发表好几篇文章。例如，在1930年5月1日出版的第二卷第12期该刊上，殷夫发表了4篇文章：《今年的五一》（署名徐白）、《暴风雨的前夜》（署名莎菲）、《拥护全国苏维埃代表大会》（署名徐白）、《冲破资产阶级的欺骗与压迫》（署名徐白）。在该期杂志，还发表了诗歌《五一歌》（署名莎菲）。殷夫又写又编，花了很多时间和精力编辑出版这本杂志，对团结青年投入反对国民党的斗争做出了不可估量的贡献。

1929年末到1930年秋冬之间，殷夫是以革命的政治活动家和党的宣传工作者而不是诗人的身份来参与《列宁青年》的编辑和撰稿工作的。殷夫充分发挥自己的特长，负责编辑校对刊物，参加各种会议，而且根据刊物需要深入斗争一线，采写了一些关于政治斗争、青年工人运动的有分量的政治论文，并翻译了一些国外有影响力的政治论文。比如《李卜克内西生平事略》一文介绍了德国无产阶级的伟大领袖卡尔·李卜克内西光辉的一生，激发了人们对无产阶级领袖的热爱和对反动阶级、叛徒与机会主义者的仇恨。这些作品表明殷夫在革命的烈火中阶级立场锻炼得十分坚强，战斗情绪十分昂扬，显示出无产阶级革命战士的本色。而

《摩登青年》第一卷第一期，
1929 年 12 月 15 日创刊号

《列宁青年》正如刊物名称所标明的是有强烈的政治倾向的综合性政治刊物，并非工人刊物，更不是文艺刊物。

《摩登青年》是党和共青团直接领导下的团结广大青年的半公开的革命团体——青年反帝大同盟主办的刊物，创刊于 1929 年 12 月 15 日，由摩登青年社编辑出版，32 开本，每月一期。殷夫是该刊主编之一。主要撰稿人有邝光沫、祝秀侠、丘旭、殷夫、邱韵铎、杨邨人、菀尔和郭任华等。该社是以公开的青年群众团体名义出现的，意在团结和吸引广大青年知识分子和工人群众。

通过参与《摩登青年》的撰稿和编辑，殷夫参加党领导下的青年反帝大同盟的工作，在团中央领导下参与发动成立摩登青年社，结识了许多志同道合的摩登青年。他们以《摩登青年》为喉舌，呐喊出关心国家民族的前途和命运、不惜为国家独立和民族解放牺牲生命的信念和决心。《摩登青年》成为进步青年探求真理、揭露帝国主义丑恶行径、赞美民族气节、反映民间疾苦的重要平台。目前，发现殷夫在《摩登青年》上发表政治论文《军国主义批判》《目前青年反帝运动的战术》两篇、诗歌《伟大的纪念日》《给新时代青年》两首。

其中，《军国主义批判》一文分析了军国主义的表现、实质和根源，全面揭露了军国主义的真相，着重指出了反军国主义与当时政治斗争、经济斗争、工人运动、农民运动、学生运动等中国革命各方面任务的密切关系，认为反对军国主义已成为国际无产阶级革命运动的重要任务，也是青年运动的重要任务。《目前

殷夫发表在《摩登青年》第 2 期的《目前青年反帝运动的战术》

《摩登青年》内页

1928 年创刊的《红旗》，总共出版了 126 期。
1930 年 8 月 15 日，《红旗》和《上海报》合
并，更名为《红旗日报》

青年反帝运动的战术》对中国青年的反帝运动作了深刻分析，阐述了反帝运动的由来、阶级性、教训、任务和战术，指出上海青年反帝联盟——上海青年发起的组织"已经联合了一百多个人民组织，它把自己的代表引到了国际青年反帝大会，在许多大城市建立了联盟分部"，体现了上海青年反帝联盟的巨大意义。

从1929年末直到1931年春被捕牺牲前这一时期，殷夫除继续写诗外，还自学俄文翻译政论文章。殷夫的刻苦勤奋和外文天赋不得不令人叹服。在校读书期间，他便已较熟练地掌握英文和德文。成为职业革命家后，通过五个月的刻苦自学，他又掌握了俄文并能够进行翻译。他的著译涉及当时一些重大政治事件，如拥护全国苏维埃代表大会、红军中的宣传教育工作、青年工人运动、少年先锋队工作、文化工作，以及党内的路线斗争等方面。

同时，殷夫还在党刊《红旗》等刊物上撰写和翻译了不少历史人物传记和政论文。在党刊《红旗》上，用徐白署名发表《拥护苏维埃运动中劳动青年群众的任务》和《扩大共产主义的儿童运动》两文。在1930年10月1日《北新》半月刊第四卷第十八期上，发表《英美冲突与世界大战》一文。当然，受中央领导机关"左"倾错误影响，殷夫当时发表的部分政论文和红色鼓动诗中也存有这类问题。但是这些文章表明殷夫阅读了大量国内进步文章、文学艺术作品和马克思、恩格斯、列宁等人的著作，以及关于苏联的信息报道，基本掌握了马克思列宁主义理论，方以在文章中引证大量资料，提炼先进思想，拓宽丰富题材，以准确生动的语言影响和动员广大青年更积极地投入反对帝国主义和国内反动派的斗争中来。

| 五 |

是对于前驱者的爱的大纛

YIN FU

我们是青年的布尔塞维克，一切——都是钢铁：我们的头脑，我们的语言，我们的纪律！我们生在革命的烽火里，我们生在斗争的律动里，我们是时代的儿子，我们是群众的兄弟，我们的摇篮上，招展着十月革命的红旗。我们的身旁是世界革命的血波，我们的前面是世界共产主义。

——殷夫《我们是青年的布尔塞维克》

"左联"战士　突破文化围剿

大革命失败后，国民党集中一切反革命势力向共产党人和革命群众进攻，党的宣传工作一度"陷于停顿状态"。1927 年 8 月 7 日，中共中央政治局紧急召开八七会议，确定了实行土地革命和武装起义的方针。1928 年 6 月，党的六大通过《宣传工作的目前任务》，强调"党的工作重心必须转移到夺取广大工农兵群众与实施工农群众政治教育"，并提出两个具体任务："增高一切党员的政治知识"，"增高党在广大工农群众中工作和宣传员的理论上的认识"。

1928—1929 年间，鲁迅、茅盾与创造社、太阳社在上海爆发关于"无产阶级革命文学"的论争。1929 年 6 月，党在上海召开了中共六届二中全会，通过《宣传工作决议案》，对宣传工作组织机构等作了明确规定："中央宣传部应该是全国宣传教育工作的最高指导机关"。会议决定成立中央文化工作委员会，具体工作由新任中央政治局常委、宣传部部长李立三负责。在8月至9月间，李立三对上海文艺战线论争的情况作了调查研究。9月，党中央组织成立了中共中央文化工作委员会（简称文委）。10月，党中央正式通过江苏省委向创造社和太阳社中的党员发出了"党中央关于停止同鲁迅论争的指示"，并派中宣部文委书记潘汉年、秘书吴黎平到基层贯彻执行中央决定。

　　1929年10月初，正在上海中华艺术大学任教的中共党员夏衍突然接到潘汉年的通知，让他参与筹办左翼作家联盟。1929年10月至11月间，潘汉年要冯雪峰去同鲁迅商谈成立"左联"的

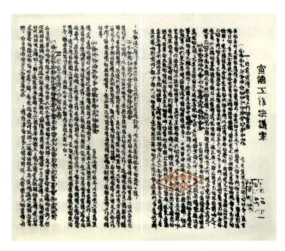

党的六届二中全会通过的《宣传工作决议案》

事情，并同时传达中央两条意见：一是中央希望创造社、太阳社和鲁迅及在鲁迅影响下的人们联合起来，成立一个革命文学团体；二是团体的名称拟定为"中国左翼作家联盟"，看鲁迅有什么意见，"左翼"二字用不用，也取决于鲁迅，鲁迅如不同意用这两个字，那就不用。冯雪峰受命找鲁迅谈话商量成立"左联"，鲁迅完全赞同成立这样一个革命的团体，对于"中国左翼作家联盟"中的"左翼"两个字，鲁迅态度很明朗地说："'左翼'两字还是用好，比较明确一些，旗帜可以鲜明一些。"

在夏衍的回忆文章《左联成立前后》中明确提到，经过党组

公啡咖啡馆，地处上海的北四川路和多伦路交界处，是一幢3层砖木结构的街角楼房。这里被作为"左联"开筹备会的固定地点

织的充分酝酿与协调，由鲁迅、郑伯奇、冯乃超、彭康、阳翰笙、钱杏邨、蒋光慈、戴平万、洪灵菲、柔石、冯雪峰、夏衍共十二人组成左翼作家联盟筹备小组。十二人中，除鲁迅和郑伯奇外，都是党员。1929 年 10 月中旬，在北四川路有轨电车终点站附近的公啡咖啡馆二楼召开第一次筹备会议。会议由潘汉年主持，会议的主要内容是：传达中央主张停止文艺界"内战"，反对宗派主义、关门主义，以及组建"左联"的意见。潘汉年在会上还传达了党中央为该小组规定的两个需要尽快完成的任务：一、拟定"左联"发起人名单；二、起草"左联"纲领。会议最后一致决定：这两个文件拟出初稿后，先请鲁迅审阅同意，再由潘汉年转送中央审定。同时，会议还作出两个决定：一、创造社、太阳社所有刊物一律停止对鲁迅的批评，即使鲁迅文章中还有论战的言语，也不反驳，对鲁迅要尊重；二、分派夏衍、冯乃超、冯雪峰三人专门负责筹备小组与鲁迅的联络工作。鲁迅受关注较多，不宜太多参加筹备小组会议，因此夏衍等三人经常把小组会议的情况向他报告。会议结束后不久，潘汉年与李初梨先后发表了《文艺通信》与《普罗列塔利亚文学应该怎样防卫自己》两篇文章，代表着历时近两年的"革命文学论战"终告结束。

1930 年 3 月 2 日下午，中国左翼作家联盟成立大会在中华艺术大学底楼教室举行。姚辛的《左联史》里有提到一些参加人

中华艺术大学，位于上海市乐安路233号（今上海市虹口区多伦路201弄2号），现为中国左翼作家联盟成立大会会址纪念馆，时任校长陈望道，教务长夏衍

坐落于上海市乐安路233号（今多伦路201弄2号）的"左联"成立大会旧址

"左联"成立大会会址复原

五 是对于前驱者的爱的大纛

员，包括鲁迅、潘汉年、冯乃超、夏衍、冯雪峰、田汉、钱杏邨、郑伯奇、阳翰笙、彭康、周全平、李求实、柔石、殷夫、冯铿、朱镜我、林伯修、王一榴、王任叔、许幸之、陶晶孙、邱韵铎、沈叶沉、冯宪章、孟超、黄素、洪灵菲、戴平万、沈起予、龚冰庐、徐迅雷、庞大恩、童长荣、杜衡、叶灵凤、戴望舒、姚蓬子、王洁予、顾凤城、莞尔、许峨、韩侍桁、侯鲁史、吴贯中、刘锡五、丁锐爪、程少怀、杨纤如、陈正道、石凌鹤、周伯勋等 50 余人出席会议。

　　会场周围布置了警戒线，讲台旁坐着由大会推举出来的鲁迅、沈端先（夏衍）、钱杏邨三人组成的主席团。冯乃超报告筹备经过，郑伯奇对联盟纲领做说明，潘汉年代表中共中央文委讲话，鲁迅等作了题为《对于左翼作家联盟的意见》等的发言。大会通过联盟纲领和关于成立"马克思主义文艺理论研究会"等 17 项决议，选举鲁迅、沈端先（夏衍）、冯乃超、钱杏邨、田汉、郑伯奇、洪灵菲七人为常委，周全平与蒋光慈为候补常委。原来由鲁迅、冯雪峰、柔石等编辑出版的《萌芽月刊》，蒋光慈、钱杏邨编辑出版的《拓荒者》，郁达夫等编辑出版的《文艺大众》均作为"左联"机关刊物，并另创《巴尔底山》，鲁迅任主编。中国共产党领导的第一个革命文学组织宣告成立，在国民党统治区开启了波澜壮阔的左翼文化运动。

1930 年 3 月 2 日鲁迅在日记中关于参加"左联"成立大会的记载

　　"左联"的成立，标志着中国共产党不但从思想上而且从组织上正式开始领导左翼文化运动。"左联"在中国现代文学史上第一次明确树立了马克思主义文艺理论的指导地位，指出"文学运动的目的在求新兴阶级的解放"，要"帮助新作家之文学的训练，及提拔工农作家"，"从事产生新兴阶级文学作品"。"左联"强调，左翼文艺家一定要和实际的社会斗争接触，文艺要为"工农大众"服务，积极关心普通劳苦大众的疾苦，为中国人民的解放和幸福而斗争。此后在党中央的领导下，"左联"积极团结一切革命作家，他们以鲁迅为旗手，以马克思主义文艺理论为指导，对于"新月派""民族主义文艺运动""自由人""第三种人"及"论语派"等文艺观点开展了有力批评，对国民党反动文艺政策进行了坚决批判与斗争。

"左联"成立后，归中央文委领导。"左联"历任党团书记为冯乃超、阳翰笙、冯雪峰、钱杏邨、耶林（张眺）、丁玲和周扬。任白戈在《我在左联工作的时候》一文中，对"左联"组织机构的描述如下："'左联'下面的组织，完全和党的组织一样，分为沪东、沪西、闸北、法南（法租界和南市）四个区。"

　　在中央文委的领导下，左翼文化运动蓬勃开展。首先，派出"左联"骨干成员筹组各界左翼联盟。1930年3月田汉等发起成立左翼戏剧运动联合会；5月20日，杜国庠、王学文等筹组了中国社会科学家联盟（简称社联）；7月，许幸之、于海等发起筹组了中国左翼美术家联盟（简称美联）；8月戏剧运动联合会改为左翼剧团联盟（1931年1月改为中国左翼戏剧家联盟，即剧联）……这些团体号称"八大联"。10月，在中央文委推动下，各联盟联合成立了中国左翼文化总同盟（简称文总），形成了完整的左翼文化联合战线。

　　此后，中央文委不断传达中央声音，组织领导"左联"等各大联盟开展文化斗争。1931年，左翼文化遭受挫折后，文总率领左翼文化界奋起抗争；在左翼出现关门主义倾向的时候，文总指导左翼调整战略与策略；在国民党提出"文化剿匪"政策后，文总领导左翼文化界顽强斗争，突破"文化围剿"重围。

　　同时，左翼作品大量涌现。一方面，鲁迅的《故事新编》以及他和瞿秋白的杂文，茅盾的《子夜》《林家铺子》《春蚕》，蒋光慈的《咆哮了的土地》，丁玲、张天翼、叶紫等人的小说，田汉、洪深、夏衍等人的剧作，左翼众多进步诗人的诗歌，这些作品都以其思想艺术的新拓展在广大读者中产生了广泛影响。另一方面，在"左联"的培养下，沙汀、艾芜、叶紫、周文、蒋牧良、艾青、蒲风、聂绀弩、徐懋庸等一批左翼优秀作家纷纷涌现。他们的出现给中国文坛带来许多生气勃勃的作品，成为 20 世纪 30 年代文坛上的活跃力量。

并且，"左联"在当时还有一大作用，就是吸纳"寻找者"。所谓"寻找者"，一种是原本为中共党员，大革命失败后与党组织失去联系，现在要寻找党组织恢复关系；另一种是进步青年或人士向往革命，在寻找党团组织，"这两种人都把参加'左联'作为参加党组织的一种途径"。鉴于"左联"的蓬勃发展与影响日益扩大，国民党反动政府采取了取缔"左联"组织、通缉"左联"成员、颁布各种法令条例、封闭书店、查禁刊物和书籍、检查稿件、拘捕刑讯、秘密杀戮革命文艺工作者等措施进行破坏，但"左联"仍顽强战斗。

作为"左联"盟员，殷夫出席了成立大会，并积极参与"左联"的历次重大活动。1930 年 4 月 29 日，为了更好地指导盟员工作，"左联"在爵禄饭店召开第一次全体盟员大会。这次大会

位于上海黄浦区西藏路 21 号（今黄浦区
西藏中路 250 号右一半）的爵禄饭店外景

因为事前通知工作没做好，到会人员仅有 30 余人，造成一部分盟员没能与会，鲁迅也没有到会。目前没有确切的材料能证实殷夫是否出席了这次大会。但在这次大会上，决定由《文艺讲座》《拓荒者》《萌芽月刊》《现代小说》《巴尔底山》等 13 家刊物的有关人员作编委，为纪念五一联合编辑出版一期《五一特刊》，作为附在各刊物中的赠送特刊。殷夫在这期特刊上以莎菲的笔名发表了《暴风雨的前夜——公共汽车电车大罢工》一文。

4 月 3 日，殷夫响应党组织的号召，作为"左联"成员参加了在上海北京路举行的示威集会，遭到国民党的镇压。10 日晚，他作《又是一笔血债——为"四三"惨案死难者及刘义清烈士复仇！》。4 月 25 日，以莎菲的笔名作《五一歌》刊于 5 月 1 日《列

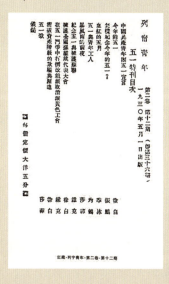

列宁青年 第二卷 第十二期（总第三十六期）
一九三○年五月一日出版

五一特刊目次

中国共产党青年团五一宣言
今年的五一？
红楼纪念今年的五一？
血红的五月
五一与青年工人
暴风雨的前夜
纪念五一与被逮捕联
摧速全国总统代表大会
在五一罢工中打倒改组派取消派黄色工会
撑破资产阶级的欺骗奥制造
五一歌
侠魂

莎菲 俊白 纪克白 徐克 莎谭 为鹃 李冰 振鹏 徐白

本册定价大洋五分

《列宁青年》第二卷第 12 期目录
（来源：红藏）

全国苏维埃中央准备委员会秘密机关遗址，位于上海市愚园路 259 弄 15 号（原庆云里 31 号），原是一幢三层旧式里弄石库门房子，现已拆除。1930 年 8 月至 1931 年 1 月间，这里不仅是中国共产党早期著名工人运动领袖林育南烈士旧居，而且是全国苏维埃代表大会中央准备委员会的秘密机关，周恩来、瞿秋白等同志经常来这里指导文件起草工作

宁青年》第二卷第 12 期，诗中表示"我们过的是非人的生活，唯有斗争才解得锁链"，他决心为无产阶级的解放事业"奋不顾身"地战斗。同期"五一特刊"上发表了殷夫署名徐白的《今年的五一》《拥护全国苏维埃代表大会》和《冲破资产阶级的欺骗与压迫》。

5 月，殷夫还以"左联"代表的身份出席了在上海举行的全国苏维埃区域代表大会。全国苏维埃区域代表大会于 20 日至 23 日在上海召开，出席会议的有中共中央、中华全国总工会、各苏维埃区域、红军各军、各游击战争区域、各赤色工会，以及其他革命团体的代表，共 50 人。共产国际驻华代表罗伯特斯出席了会议。会上，李立三代表中国共产党作政治报告，提出党对政治的估量和总的策略及任务，以及苏维埃大会的政治任务。会议决定于 11 月 7 日举行第一次全国工农兵贫民苏维埃大会，建立中央工农民主政府，即后来的中华苏维埃共和国临时中央政府。

会后不久，成立了中华全国苏维埃第一次代表大会中央准备委员会，负责中华苏维埃共和国的各项法令和文件的起草及在苏区召开全国苏维埃代表大会的筹备工作。但由于战争形势的变化，中华全国苏维埃第一次代表大会的召开时间经过了四次延期。第一次延期至 1930 年 12 月 11 日广州起义三周年纪念日，第二次延期至 1931 年 2 月 7 日二七惨案纪念日，第三次延期至

上海市南京西路金门饭店
（今人民广场华侨饭店旧址）外景

1930 年 7 月 7 日，殷夫致二姐徐素云的一封信。此信现存于鲁迅博物馆。从中我们了解到殷夫极端艰苦的革命者生活，以及 1929 年第三次被捕的情况。（来源：王庆祥提供）

1931 年 8 月 1 日南昌起义纪念日，第四次延期至 1931 年 11 月 7 日十月革命纪念节。全国苏维埃区域代表大会为中华全国苏维埃第一次代表大会的召开做了必要准备，但大会关于形势、任务、策略、政策的分析、主张和规定被李立三"左"倾冒险错误所影响，给党在实际工作中造成很大的损害。

1930 年 5 月 29 日，为了迎接即将到来的五卅运动纪念日，"左联"在上海市中心跑马厅北面南京西路的金门饭店（今人民广场华侨饭店旧址）召开了第二次全体盟员大会。这次到会盟员有 50 多人，大会通过了全体盟员一致参加纪念五卅示威运动的决定，并准备在五卅运动纪念日启封被国民党当局查封的中华艺术大学。鲁迅和茅盾都参加此次会议。鲁迅带了一本德译的美国新闻记者写的《中国游记》准备送给殷夫，但没有碰到他。为迎接五卅运动纪念日，殷夫特地写了长诗《我们是青年的布尔塞维克》。诗作激情洋溢，充满了无产阶级集体主义精神、革命英雄气概和对未来的必胜信念，是当时一首不可多得的政治抒情诗。

1930 年下半年，殷夫以更加饱满的热情和充沛的力量投入革命活动。6 月 11 日，中共中央政治局召开会议，李立三主持。会议通过了《新的革命高潮与一省或几省的首先胜利》的决议。李立三"左"倾冒险错误出现，对革命斗争造成了很大影响。9 月 24 日，中共中央在瞿秋白、周恩来领导下，召开了扩大的六届三中全会，会上纠正了李立三"左"倾错误。这时上海的"飞行集会"之类活动有所减少，但"左"倾影响仍然存在。7月7日，他在致二姐徐素云的一封信中说："我工作时是忙碌的，在整天的太阳火中，我得到处奔跑！"9月，殷夫在《周刊》第4期上发表了《为党的正确路线奋斗》，他已经开始意识到党内路线斗争和"左"倾错误，并表示要为党的正确路线而奋斗。

是年7月和11月，"左联"分别在乍浦路和北四川路上召开了两次会议，两次会议议题不同，但都同苏维埃革命密切相关。

荷兰菜馆旧址，位于上海黄浦区吕班路50号（今重庆南路182号）

作为"左联"的一位活跃盟员，殷夫当时正全力以赴地开展共青团中央宣传部工作，是否参与这两次会议尚待考证。同年9月17日，"左联"发起为鲁迅祝寿活动，地点在吕班路50号荷兰菜馆，殷夫参与了活动。

1931年1月15日，殷夫被捕前两天，鲁迅还委托魏金枝（1900—1972），"以Strong之《*China's Reise*》赠白莽"。16日，殷夫如期出席中共文化工作委员会设在静安寺路（今南京西路）洛阳书店秘密机关召开的全体共产党员大会，但次日就在东方旅馆被捕。从参加"左联"到被捕牺牲，殷夫始终是"左联"盟员中最坚定的一分子，为左翼文化事业作出了积极贡献。

"青年的布尔塞维克"

殷夫作为"左联"的重要成员，担负着极其繁重的革命工作任务，但仍然坚持文艺创作。他认为革命文艺具有"伟大作用，它是诉诸情感与直觉的最有效的东西"，"是一个极有力的武器"。他积极为"左联"刊物供稿，在《萌芽》《拓荒者》《巴尔底山》等发表了红色鼓动诗、散文、速写、传记、剧本等不同题材作品。这一时期，殷夫在政治上、思想上、艺术上更趋成熟，体现了作为职业革命家和无产阶级创作者的完美统一。

为了使红色鼓动诗能为广大群众所接受，殷夫改变了早期诗作含蓄隽永的风格，转而追求诗歌的通俗化和口语化。这种风格的变化是为了适应读者对象的变化。红色鼓动诗是给工人群众和青年读者看的，不能过于高雅、深奥，要在急遽的斗争中迅速发挥战斗作用，不可过于含蓄、隐晦。他在《过去文化运动的缺点和今后的任务》（1929）一文中，就提出文艺作品要"力求群众化"。他说："在过去，我们看一般做文化运动的人，满口是'奥伏赫变'，'战取'，'意德沃罗基'，'布尔乔亚'，'普罗列达利亚'……不一而足，笔下也都是诗意葱茏，做得又温雅，又漂

中国"左联"成立大会会址纪念馆前"左联五烈士"雕像，前右一为殷夫

亮。可惜这种文章，连中等以上的学生都看不大懂……这是不行的，今后须努力求其群众化"。殷夫自己创作的诗总是力求为群众所理解，诗中所用的比喻也多为群众所熟悉的事物，如《我们》中：

我们的意志如烟囱般高挺，
我们的团结如皮带般坚韧。

烟囱之高挺、皮带之坚韧，这是广大群众，特别是工人很常见的，因而也很容易理解。这样的比喻既贴切又形象，由于是工人群众熟悉的东西，因而能够引起艺术联想，起到更好的效果。

1930年3月11日晨，也就是参加"左联"成立大会之后的第九天，促使殷夫与哥哥最后决裂的是殷夫收到大哥写来的"一封哀的美顿书"，即最后通牒，遂写下了长文《写给一个哥哥的回信》作为回应。这篇长文是1929年4月12日《别了，哥哥》的姊妹篇。他感激哥哥"做得和我父亲一般地周到的，你是和一片薄云似的柔软，那末熨帖"。他并不回避兄弟曾有的手足之情，但是他还是作出了坚定的人生抉择："你是你，我是我，我和你相互间的关系已完全割断了，我们之间的任何妥协，任何调和，是万万不可能的了，你是真实的……但你却永远是属于你的阶级的。"长文剖析了自己和哥哥之间产生矛盾的本质，指出兄弟两人属于不同的阶级，两者无法协调，表明了自己要为无产阶级革命、为人民大众解放奋斗的决心。

> 别了，哥哥，别了，
> 此后各走前途，
> 再见的机会是在，
> 当我们和你隶属着的阶级交了战火。

文章用斩钉截铁的语言写道："我们的阶级和你们的阶级已没有协调、混和的可能，我和你也只有在兄弟地位上愈离愈远，在敌人地位上愈接愈近的了"。他告别了哥哥投身到"全世界空前未有的大队伍中"，他觉得骄傲，因为，"我的兄弟已不是什么总司令、参谋长，而是多到无穷数的世界创造者！"当他彻底和他哥哥所属的阶级决裂的时候，他感到自己已经完成了"从一个阶级冲进了另一个阶级的过程"。他感到无穷的快乐。这时的殷夫在政治上更加成熟，立场上更加坚定。诗人的叛逆形象表现了无产阶级意识形态颠覆和解构了旧的宗法伦理意识形态，成为一种新的认识世界和改造世界的方式。它打破了旧的封建的血缘关系，使个人的反叛融入新的觉醒的阶级群体之中。

发表在 1930 年 4 月 1 日《萌芽月刊》第 1 卷第 4 期的《前进吧，中国！》抒发了诗人强烈的爱国主义精神，在帝国主义对中国进行军事侵略、政治控制、经济掠夺及文化渗透，国家日益贫弱的情况下，诗人却以坚定的信心呼唤着：

　　　　前进吧，中国，
　　　　目前的世界——
　　　　　一面大的旌旗，
　　　　　历史注定：
　　　　一个伟大的拳手；你
　　　　　前进吧，中国！

　　这洪亮的声音，鼓舞着振兴中华的热情。对祖国的爱，是殷夫诗情的源泉。由此出发，诗人对那些把国家拖入黑暗深渊的"帝国主义""豪绅军阀""地主爷"，表示了极大的恨。他召唤人们团结起来，"我们要用血用肉用铁斗争到底！我们要把敌人杀得干净。"（《五一歌》）

　　殷夫在《列宁青年》上仅用沙菲的笔名写过两首红色鼓动诗《五一歌》和《我们是青年的布尔塞维克》，用沙洛的笔名翻译过一首诗歌《青年的进行曲》。《五一歌》和《我们是青年的布尔塞维克》解放后被收入《殷夫诗文选集》《殷夫选集》和《孩儿塔》中，后又被萧三作为殷夫的代表作选入《革命烈士诗抄》（中国青年出版社）。

他在《五一歌》中写道：

　　　　"我们过的是非人的生活，

　　　　唯有斗争才解得锁链，

　　　　把沉重的镣枷打在地上，

　　　　把卑鄙的欺骗扯得粉碎，

　　我们要用血用肉用铁斗争到底！

　　　我们要把敌人杀得干净，

　　　管他妈的帝国主义国民党，

　　　管他妈的取消主义改良派，

　　　豪绅军阀，半个也不剩，

　　　不建立我们自己的政权——

　我们相信，我们相信，永难翻身！……"

在 1930 年 5 月 30 日五卅运动五周年纪念日之际，殷夫满怀热血地写下了《我们是青年的布尔塞维克》。《我们是青年的布尔塞维克》是战斗的宣言书，诗人以掷地有声的诗句表达了青年革命者的坚强决心：

我们生在革命的烽火里，

我们长在斗争的律动里，

我们是时代的儿子，

我们是群众的兄弟，

我们的摇篮上，

招展着十月革命的红旗。

我们的身旁是世界革命的血波，

我们的前面是世界共产主义。

　　殷夫以"我们"的名义宣告代表旧时代和旧阶级的"Romantik 的时代逝了"（"Romantik"是德语"浪漫主义"之意），"我们"要为走向新时代的无产阶级"唱一只新歌"，抒发了无产阶级的革命理想和共产主义的胜利前景：

在你们的头顶上，

我们建筑起新都，

在你们的废墟上，

我们来造条大路，

共产主义的胜利，

在太阳的照耀处。

　　为纪念巴黎公社第一次工人起义建立无产阶级政权而翻译的
《青年的进行曲》，气势磅礴、情绪激昂。虽是译诗，也充分表达
了殷夫对无产阶级革命的雄心壮志，歌颂了伟大的公社战斗史迹
和前驱者的英雄气概：

伟大的公社，光明的火焰！

劳动者点燃，照耀世界；

这光焰在我们青年的胸中，

也爆发了烈火灿烂。

对前辈的伟大英雄，

无产阶级生活的创造者，

和带来光明的战士——

都给以兄弟的礼赞！

　　第一个无产阶级的公社政权虽然在反动力量的联合围攻下遭
遇了失败，但巴黎公社的战斗精神是永存的，它所高举的战斗红
旗是飘扬的，鼓舞着一代代"工人和农民的青年，前进，前进，

前进，前进，前进"。

1929 年后，殷夫创作了《Romantik 的时代》《Pionier》《静默的烟囱》《让死的死去吧》《议决》《我们》《时代的代谢》《May Day 的柏林》《与新时代的青年》《伟大的纪念日中》等大量红色鼓动诗。1929 年底，写出了组诗《我们的诗》，以战斗集体"我们"作为抒情主人公讴歌革命，充分表达了群众的情感和力量，这是殷夫诗歌战斗风格的发展。此时殷夫的诗歌带有极其鲜明的阶级色彩和强烈的政治鼓动性，表现出铿锵的宣言、爆裂的阶级怒火和对共产主义坚定而美好的信念。

殷夫自成为职业革命家以后，把自己的全部精力献给了无产阶级解放事业，并以此为汩汩不尽的创作源泉写下了大量具有强大鼓动力的红色鼓动诗，留存在中国现代诗歌史上。回顾殷夫的

殷夫诗集《孩儿塔》

诗作，大体可分为两个阶段：

1929 年以前，他的诗表现了对现实的不满，但主要是抒写小资产阶级知识分子的苦闷心情，对爱情和故乡的歌唱以及对光明未来的呼唤。他唱叹着"希望如一颗细小的星儿，在灰色的远处闪烁着"（《放脚时代的足印》）；他赞赏"沙中最先的野花，孤立摇曳放着清香"（《祝——》）；他"笑那倾天黑云，预期着狂风和暴雨"（《给某君》）；他又感到自己如"枕着将爆的火山，火山的口将喷射鲜火深红"（《地心》）；他独立在"寂寞的窗头，热望未来的东方朝阳"（《独立窗头》）。这段时期的诗作，交织着诗人孤寂而热烈的感情，表达了在黑暗中愁闷而向往光明的矛盾心情。殷夫早期诗作，大多歌咏爱情和故土，对于黑暗现实的谴责和对于光明未来的呼喊交织在一起，在忧郁和孤寂中留下思想波涛的痕迹。

1929 年以后，出于斗争的需要和思想感情的变化，殷夫的创作思想发生了显著变化，创作了不少红色鼓动诗。由于处在斗争第一线，与工人群众血肉相连，这一时期的诗集中反映了当时在帝国主义和国民党统治的中心、中国工人阶级的发祥地和大本营——上海，党领导下的工人阶级同帝国主义、国民党当局之间的激烈斗争，反映了觉醒的工人阶级和党的干部为共产主义事业英勇献身的伟大气概。炽热的战斗情绪、高昂的红色旋律，构成了殷夫红色鼓动诗的特色。这些红色鼓动诗作以粗犷的音色和高昂的节奏，从正面讴歌了工人阶级的斗争事业，表现了对理想的执着追求和与旧世界彻底决裂的信念，境界开阔、格调新颖、气概雄浑，旗帜鲜明地表达了自己的政治抱负和革命理想。《别了，哥哥》表现与哥哥所代表的剥削阶级彻底决裂的坚定无产阶级立场；《议决》刻画深夜里一次工人集会的情景；《一九二九年的五月一日》描写威武雄壮、浩浩荡荡的工人游行队伍。这些诗将抒唱个人情感与赞颂革命斗争共同交响成雄浑激昂的战歌，具有鲜明的政治倾向和强烈的时代感。

他的思想和诗艺的发展是他不断追求真理、不断参加革命实践的结果。在《小母亲》中，他曾这样来叙述知识分子的成长过程："她起初突向自我牺牲的道路时，说是理性的把握，还毋宁说是情感的突击；只是在接近了许多人和许多事物之后，她理性的力，一天天地坚强起来。"在这里，他概括了自己的亲身经历，是经过革命斗争的锻炼，受到许多同志和战友的帮助，才成长为无产阶级的战士和诗人。

1929 年 11 月，殷夫在《Romantik 的时代》一诗中宣布了创作新阶段的开始：

Romantik 的时代逝了，

和着他的拜伦，

他的贵妇人和夜莺……

现在，我们要唱一只新歌

　　接着，他又创作了《写给一个新时代的姑娘》一诗，显示了审美观念的变化。诗中写道："姑娘，你很美丽，/ 但你不是玫瑰，/ 你也不是茉莉，/ 十年前的诗人，/ 一定要把你抛弃！"我们翻阅诗人过去写的爱情诗，就爱用"红色的玫瑰""五旬的玫瑰""流泪的茉莉""带泪的梨花"等形容姑娘的美。现在，诗人不以玫瑰茉莉型的姑娘为美，如果不是有意和早期的诗作照应，就是审美观念变化的无意流露，诗人笔下的新时代姑娘有着新的美色：

你是一株健美的英雄树，

把腰儿挺得笔直，

把步儿跨得轻捷，

即使在群众的会场上，

你的声音没有一些羞涩。

　　1930 年初，在创作这些反映新的文艺思想和美学观点的诗

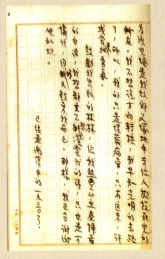
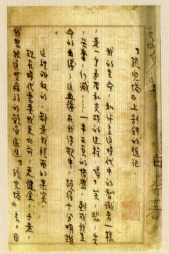

殷夫《〈孩儿塔〉上剥蚀的题记》手稿，
现藏于国家图书馆名家手稿文库

殷夫《孩儿塔》插图

作时，他把以前写的部分未刊诗稿编为一集，收录其 1924 年至 1929 年秋所作诗歌，题名《孩儿塔》，署名白莽，投寄给鲁迅，请求出版。《孩儿塔》主要由情诗和一般抒情诗两部分组成，是诗人经历过由爱情、亲情与革命等悲剧性命运交织而成的复杂情感煎熬出来的艺术结晶。诗抄在竖行的稿纸上，共 65 首诗，内有白波所画插图九幅，并作《〈孩儿塔〉上剥蚀的题记》。

在《〈孩儿塔〉上剥蚀的题记》中，殷夫说《孩儿塔》诗集所收的都是"阴面的果实"，以此为题，意为埋葬少时旧作，追随时代，向更健全的方向前进。他"想把这些病弱的骸骨送进'孩儿塔'去"，表明自己要"埋葬病骨"，鞭策自己"更向前，更健全"，以适应"现在时代需要"。为了"向真理的王国进礼"，他给自己提出了更高的要求，他要向着"光明的去路"前进，要"唱一只新的歌"。

1931 年，因殷夫在龙华牺牲，诗集未能出版。殷夫牺牲后，手稿被鲁迅先生保存了下来。殷夫的著译手稿留存于世的仅《孩儿塔》，现藏于国家图书馆名家手稿文库。诗稿共 117 页，装订为四册，卷首有 1930 年写成的《〈孩儿塔〉上剥蚀的题记》。1949 年后，许广平先生将它交给了冯雪峰。

1936 年 3 月，鲁迅撰写了《白莽作〈孩儿塔〉序》，高度评价殷夫的诗歌属于我国诗歌发展的新时代，认为殷夫的诗歌具有

殷夫《孩儿塔》手稿，现藏于国家图书馆名家手稿文库

独特的风格，指出殷夫的诗"并非要和现在的一般诗人争一日之长，是有别一种意义在"，称他的诗为"东方的微光""林中的响箭""冬末的萌芽""是进军的第一步""是对于前驱者的爱的大纛，也是对于摧残者的憎的丰碑"，"是属于别一世界"的"无产阶级新世界的诗"。

1954年8月，人民文学出版社出版《殷夫诗文选集》，选录《孩儿塔》中的三十五首诗歌，《孩儿塔》集中的作品才得以首次刊行。1983年出版的《中国现代文艺资料丛刊》，将《孩儿塔》剩余三十首未刊诗作悉数刊发。至此，《孩儿塔》编成半个多世纪后终于得以全部公诸于世。

殷夫被誉为"中国现代文学史上最年轻的诗人"。北京作家协会副主席谢冕评价殷夫是"中国新诗的骄傲"。俄罗斯学者亚罗斯拉夫采夫评价殷夫是"诗人与战士的道路"。学者王学海评价"殷夫是继郭沫若、蒋光慈之后,中国现代文学史上又一位重要的革命诗人"。殷夫诗歌研究学者赵学勇研究表示,殷夫在现代中国红色政治抒情诗的创作上承续蒋光慈又跨越了蒋光慈,把革命诗歌创作推向了新的水平,成为这个诗派成就最高的代表诗人。大家们对殷夫创作的崇高评价,揭示了殷夫诗歌的特色及其在现代诗歌史上的地位。他的诗歌是一个时代的精神存在和审美符号,作为一种精神镜像和文化遗产,传递着革命时代知识分子的人生理想、价值信念、文化人格和精神面向,表征着建立具有无产阶级意识形态的现代民族国家的政治文化愿景。殷夫的诗不仅属于他的时代,也属于现在。

革命歌手 无产阶级作家

苏联汉学家马特科夫所著《殷夫:中国革命的歌手》一书中指出:"殷夫不仅以诗人而著名,他还写了一百多篇中短篇小说、抨击性散文、随笔、剧本。很遗憾,其中很多作品没有保存下来。在这些作品中,殷夫竭力描写了中国人民政治生活中的最重要的事件。殷夫的短篇小说、中篇小说和剧本,是深刻的现实主义作品，作品中运用了许多真实的素材。""殷夫的短篇小说、中篇小说和剧本，充满了不同的生活题材。然而，中国人民的斗争生活和革命者的形象在这些作品中，如同在其诗歌中一样，都占据着主要位置。"

1929 年开始，殷夫拓宽自己的创作领域，从事短篇小说的创作。殷夫的小说有一些是以自己的生活经历为素材的，如《King Coal》《监房的一夜》等。在《"King Coal"——流浪笔记之一》，他描述了一个数月间没有找到工作的青年教师，愤怒揭露 20 年代末全国大规模蔓延的失业现象。在短篇小说《监房的一夜》中，他描写了 12 个不同职业的囚犯：工人、鸦片商、报社记者、少年人、革命者，激烈批判国民党政权的白色恐怖，愤怒抗议他们不经审判，只因怀疑某人是共产党就捉人。在《下着毛毛雨的那个早晨》，他怀着极大的同情心讲述了一个农民的惨死，刻画了中国人民无权的痛苦生活。独幕话剧剧本《斗争》，记录了 1930 年的上海为了纪念五卅运动五周年而举行工人大罢工，帝国主义及其走狗企图用一切办法阻止群众运动，描摹了中国人民革命斗争历史的光辉一页。这些作品不仅可以作为研究殷夫生平的材料，更重要的是为我们留下了一类青年的艺术形象，并反映了在革命浪潮冲击下青年们的思想变迁。

作为自己所描写事件的见证人和参与者，殷夫还塑造了一批青年知识分子的形象，其中较为成功的是《小母亲》中的林英。她出身于相当富有的家庭，本来可以"在华美的环境中，做她女性的春梦"，但她仍愿抛弃"好的享受，好的生活"，为了正义和真理，"准备迎接一切的苦难和不幸"，选择了为祖国为人民而奋斗的革命斗争之路。作者截取她生活中的一天，描写从清晨到夜晚的繁忙的革命活动，并充分揭示出她丰富的内心世界。按照殷夫研究者王庆祥的研究，殷夫在从事青年工人运动中，和这些新型女性有了密切交往，感受到她们内心崇高的美。其间，在工作中结识了从事青年女工运动的中共沪东区委宣传部长苏雪华（本姓谢，名绮孟，广西临桂人，刚从苏联莫斯科孙逸仙大学留学回国）。林英即是以她为原型创作的。林英的形象是殷夫新的审美

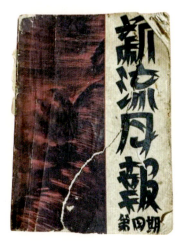

《新流月报》1929 年第 4 期

思想的结晶，是新时期女性知识分子的典型写照。

　　殷夫还不止一次地关注到苏联和俄国侨民的命运。当时的上海住着好几万白俄流亡者，他在上海一条街道上认识了俄国侨民安德里耶维奇。小说《音乐会的晚上》就是他以这个俄国侨民的日记为素材撰写的，描写了俄国侨民的思想情感、精神世界和民族自觉意识的觉醒。小说最初发表在《新流月报》1929年第4期，署名徐任夫。在《两个美国小朋友的文章》中，他讲述了苏联少先队员的故事。殷夫善于在一些短小的作品中塑造工人、农民、革命者、知识分子、帝国主义者、国民党徒、士兵、警察、法官等鲜明形象。

殷夫署名徐任夫在《新流月报》1929年第4期发表小说《音乐会的晚上》

殷夫在散文创作上也有一定的成就。速写《"March 8" S——A sketch》，选择三八妇女节这一天，通过不同阶级人物不同生活场景的勾勒，描写了国民党在同革命运动斗争过程中不仅使用武力还使用收买和讹诈手段的形象，生动显示出上海的整个社会面貌，无论从剪裁或描写上，都是相当成功的。《血淋淋的"一一三"惨案》《又是一笔血债》等关于工人运动的通讯，形象生动、感情横溢，堪称是优秀报告文学的典范。

苏联汉学家马特科夫评价殷夫"作为政论文作家的活动，在中国文学评论界至今还没有得到评论。从 1929 年末到 1931 年 1 月，这一时期，殷夫撰写了二百多篇关于中国革命与革命文学的论文。"殷夫结合国内国共两党斗争的形势，针对苏维埃运动的发展现实，在《红旗》《列宁青年》上发表了多篇政论文和中国青年运动的指导性文章，为推进青年工作贡献了力量。

1930 年初，中国无产阶级革命文艺运动进入一个新的发展阶段。在中国共产党的领导下，革命文艺家们总结 1928 年以来无产阶级革命文学论争的历史经验，正在酝酿着新的团结和联合。1930 年 1 月 1 日，殷夫在共青团中央机关刊物《列宁青年》上发表了《过去文化运动的缺点和今后的任务》的长篇论文，系统总结了五四运动以来文化运动的经验教训，肯定了 1928 年以来无产阶级文学运动的成绩，也指出了太阳社、创造社的某些错误，

殷夫在《列宁青年》第二卷第7期上发表
《东方殖民地解放运动之发展》，署名殷孚
（来源：红藏）

并批评了无产阶级文学标语口号的倾向。作者提出要将"建设革命文艺"作为文化运动的重要任务，并要求"文化运动要与实际斗争密切结合起来"。虽然在这篇文章中还有一些偏颇之处，但他所提出的文化运动的任务和方针是有现实指导意义的，对当时正在酝酿中的左翼文艺工作者的联合具有推动作用。

1930 年 1 月 16 日，殷夫在《列宁青年》第二卷第 7 期上发表《东方殖民地解放运动之发展》。1 月 13 日，上海奇异安迪生灯泡厂工人为了增加工资、对受伤工人发给医药费等合理要求，发动罢工斗争，遭到了美国资本家和国民党警察的血腥镇压，两名女工被枪杀，五名工人被打成重伤。上海的《民国日报》和

1930 年 2 月 25 日，《列宁青年》第二卷第 9 期上，殷夫作《全国青工经济斗争会议的总结》，署名殷孚（来源：红藏）

1930 年 2 月 25 日，《列宁青年》第二卷第 9 期上，殷夫作《踏着"三八"的路向前猛进》，署名沙菲（来源：红藏）

《字林西报》还对此作了歪曲的报道，甚至倒打一耙，捏造工人开枪。殷夫闻讯，立即深入工厂调查采访，探望被害家属，连夜赶写，于2月10日以沙洛笔名在《列宁青年》第二卷第8期上发表了《血淋淋的"一·二三"惨案——美帝国主义、国民党联合屠杀安迪生灯泡厂工人》纪实文章，又在同日同期以沙洛署名在《列宁青年》上发表了《共产国际执委十次全会中的青年问题》。2月25日，他以殷孚署名作《全国青工经济斗争回忆的总结》，以沙菲署名作《踏着"三八"的路向前猛进》，刊于《列宁青年》第二卷第9期。3月20日，又以沙洛署名在《列宁青年》第二卷第10期上发表俄译文《新的路线——少共国际主席团给各国团的信》。

在1930年2月19日作的论文《踏着"三八"的路向前猛进！》中，作者在指出资本主义社会下的人民尤其中国的妇女极为悲惨的命运时，号召自己的同胞奋起反抗压迫者，为争取8小时工作制、争取男女平等而斗争。文章结束时指出，争取解放全人类的伟大使命落在了中国妇女的肩上，中国妇女一定要团结起来推翻旧世界，建成光明的新生活！"这就是三八的路，中国妇女应该踏着这条路向前猛进！"

1930年3月13日，中央在《组织五一劳动节的全国总示威运动》的通告中强调，"在伟大的国际斗争日——五一节，党必

1930 年 5 月 1 日，第二卷第 12 期，殷夫作《暴风雨的前夜——公共汽车电车大罢工》，署名莎菲（来源：红藏）

1930 年 5 月 1 日，第二卷第 12 期，殷夫作《拥护全国苏维埃代表大会》，署名徐白（来源：红藏）

须坚决去发动广大群众起来组织伟大的政治罢工与示威活动",但"现在特别加紧组织'五一'示威,绝不是以实现'五一'示威为目的,而是要使这一伟大的政治示威,推进革命更快地向前发展"。

1930年4月25日,殷夫撰写《暴风雨的前夜——公共汽车电车大罢工》,热烈号召工人们动员和团结起来,进行五一全市大罢工。1930年五一节前夕,中国的上海、南京、北平和其他大城市掀起了巨大的罢工浪潮。在这一罢工过程中,工人们提出了经济和政治要求。26日,殷夫的论文《五一——国际无产阶级的斗争日》全篇激荡着对为阻止工人罢工而耍尽种种阴谋手段的帝国主义的极大愤慨,号召中国劳动人民与战斗中的工人、职员、大中专学生和老师团结起来,反对内外反动派,为争取经济和政治权利,推翻现存的社会制度,在中国建立工农政权而斗争!

尽管国民党反动当局追捕,中国的劳动人民还是在1930年5月1日纪念了自己的节日。人民群众的五一行动促进了中国革命运动高潮的到来,是对5月30日召开的第一届全国苏维埃区域代表大会的有力支持。在《拥护全国苏维埃代表大会》一文中,殷夫深刻地分析了1930年上半年中国的政治形势,指出当前的政治混乱与军阀战争扩大,反动阶级的统治不能稳定中国形势。政治的混乱引发经济危机,城市失业人数增加,工人、青年遭受

1930 年 5 月 25 日，第二卷第 13 期，殷夫白作《拥护苏维埃代表大会与少年先锋队工作的转变》，署名徐白（来源：中共一大纪念馆）

反动阶级的沉重压迫，农村农民的状况不断恶化，对国民党政策的不满情绪普遍增长，为广大人民群众的革命运动创造了有利条件。战士的革命精神大为增长，苏区红军队伍加强，这次全国苏维埃代表大会就是争取在全国建立苏维埃政权的战斗号角。

1930 年 5 月 14 日，在论文《拥护苏维埃代表大会与少年先锋队工作的转变》中，殷夫同样强调了这次全国苏维埃代表大会的巨大历史意义，认为这次大会是苏维埃政权在中国胜利的预报者。在谈到革命浪潮增长期改变共青团组织工作的必要性时，认为共青团的主要任务是为建立和扩大革命根据地、为建立苏维埃政权而斗争。同时，还要大力帮助红军，积极参加土地革命，准备在各地进行起义，加强对少先队组织的政治领导，争取在国统区建立共青团组织。

殷夫非常注意在战士中间进行思想政治教育工作。在论文《在红军中的宣传教育工作》（1930）中，殷夫指出，红军的强大力量是中国人民胜利的保证，所以共青团应该加强军队中的政治教育工作，与资产阶级思想作斗争，培养战士具有忠于党和人民的精神。建议在红军中出版《青年战士》《青年军人》报，在报上发表政治性文章和反映中国人民的生活和斗争的文学作品，同时还可发表诗歌、歌曲和图文并茂的故事。号召建立俱乐部、阅览室、朗诵队、舞蹈队和讲故事队，举办讲演会、友谊晚会，成立剧团，建立工厂委员会式的战士委员会，在部队中开展体育活动。指出政治教育和宣传工作是一项非常重要的工作，它将促进红军的成长壮大。直到中共六届三中全会召开之后的1930年10月初，殷夫还在《北新》上发表《英美冲突与世界大战》一文，分析国际军事形势，讨论国防军队建设。

殷夫的文章内容证明了他的政论工作是非常丰富而又大有成效的。在其政论文章中，触及了中国人民革命运动的很多问题，尤其是青年问题。这些战斗性文章，充满了崇高的革命激情，在我们面前展现了中国人民争取民族独立和人民解放伟大斗争历史的光辉一页。

综览殷夫的创作生涯，评价殷夫是一名"红色诗人""普罗诗派代表""红色鼓动诗领军人物""中国优秀的无产阶级诗人"是远远不够的。目前发现的殷夫作品主要包括诗歌、小说、速写、散文、传记、论文、译文、译诗等。其中，主要以诗歌为主，包括1930年初自编的《孩儿塔》全部诗作六十五首和《〈孩儿塔〉上剥蚀的题记》,《孩儿塔》以外的目前所能收集到的殷夫诗作三十四首。论文，作为革命家的殷夫，所写政论文占据很重要的地位，主要发表在党刊《红旗》、团刊《列宁青年》、青年反帝大同盟刊物《摩登青年》上。小说、速写，包括《在音乐会的晚上》《小母亲》等。散文、传记，包括《写给一个哥哥的回信》《李卜克内西的生平事略》、1930年7月7日写给他小姊姊徐素云的信。译文、译诗，包括裴多菲译诗九首、《彼得斐·山陀尔行状》《一个青年女革命家的小史》《苏联的农民》《苏联的少年先锋队》和译诗《青年的进军曲》等。

殷夫不仅是一名年轻的职业革命家，还是中国无产阶级革命文学史上一名优秀的无产阶级作家，当之无愧为"中国革命的歌手"。

是对于摧残者的憎的丰碑

YIN FU

生命诚宝贵，爱情价更高；若为自由故，二者皆可抛！

——殷夫译裴多菲《格言》

慷慨成仁　龙华壮烈牺牲

1931 年 1 月 7 日，在新任共产国际执行委员会远东局书记米夫的直接干预下，中共扩大的六届四中全会在上海召开。四中全会以批判三中全会的所谓对于"立三路线"的"调和主义"为宗旨，强调反对"依然是党内目前主要危险"的"右倾"，决定"改造充实各级领导机关"。瞿秋白、周恩来等在会上受到严厉指责。原先不是中共中央委员、缺乏实际斗争经验的 26 岁的王明不仅被补选为中共中央委员，而且成为中央政治局委员。这次全会后，中共中央的领导权实际上由得到米夫全力支持的王明所操纵。

扩大的六届四中全会后，国民党统治区内党的工作出现了一系列非常的情况。何孟雄、林育南、李求实等一批反对王明"左"倾教条主义错误的党的重要干部，由于叛徒告密而被捕牺牲。其中，就包括殷夫。

1 月 16 日，殷夫如期出席了中共文化工作委员会设在静安寺路（今南京西路）洛阳书店秘密机关召开的全体共产党员大会。17 日下午 1 时 40 分，殷夫与柔石、胡也频、冯铿等志同道

东方旅社，位于上海市三马路 222 号（今汉口路 613 号）

合者约定在位于上海市三马路 222 号（今汉口路 613 号）的东方旅社聚会，商议如何反对王明的"左"倾错误。由于叛徒告密，国民党政府警察会同公共租界巡捕包围了东方旅社。在东方旅社 31 号房间，殷夫同柔石、胡也频、冯铿等其他三位"左联"盟员以及林育南（1898—1931）、彭砚耕（1896—1931）、李云卿（1910—1931）、苏铁等共八名革命同志被逮捕，后来罗石冰（1896—1931）、王青士（1907—1931）、李求实（1903—1931）三位同志也被逮捕。十一位中共党员和革命志士在此被逮捕，史称"东方旅社事件"。

接着，国民党反动派在天津路中山旅社 6 号房逮捕了阿刚（段楠）、蔡博真、杨国华和伍仲文（女），并暗中守候逮捕前来

殷夫画传

开会的龙大道、黄理海、何孟雄。在华特路同兴里 325 号逮捕了王坤（黄昆，即汤士伦），在华特路明园坊 11 号逮捕了费达夫和王小妹，在华特路华运坊 152 号逮捕了王阿金（汤士佺）和王沈氏。同日，虹口捕房在武昌路 650 号逮捕了陈铁加。1 月 17 日至 21 日的大搜捕中陆续有三十六位同志被捕，他们后被租界巡捕房移交给国民党反动政府，被关押在国民党上海市公安局。

1 月 19 日上午 9 时，殷夫等以反革命罪被移送到国民党江苏高等法院第二分院刑庭审讯。在捕房拘留所，大家商量改用化

上海市龙华烈士纪念馆（上海市龙华烈士陵园，今龙华路 2591 号）内的龙华监狱纪念地。国民党淞沪警备司令部军法处看守所龙华监狱，原址为护军使署的空地上建造的平房

名，编好口供。殷夫化名徐英，李求实用名李伟森，柔石用了外人不大知道的原名赵少雄，胡也频改叫蒋文翰，冯铿改为梅岭，其他同志也都改换姓名以便同敌人周旋。11时，第二分院第一法庭公开审讯被捕者，所问的不外是年龄、籍贯、职业等。审讯中，殷夫说他是学生，杭州人，喜欢文艺，给《北新》半月刊投稿，去东方旅馆是杂志社让他来找人领稿费，并特地声明自己不是去开会的。

1月23日上午，殷夫等被捕者被投入龙华监狱（本名国民党淞沪警备司令部军法处看守所）关押，并被钉上重达20余斤的铁镣——半步镣。尽管如此，狱中的殷夫并不消沉，用纸片做了德文字母卡片，教柔石等学德文。他也没有把被捕的事告诉家里，只在2月5日，写了一张便笺给一位友人，"但丝毫没有谈到他的情况，他只说要一些钱。从这小条子看来，他的心境和一切马克思列宁主义者一样，异常平静。"（《前哨》:《纪念战死者专号·殷夫小传》）在狱中，殷夫等人意志坚定，团结斗争，对党忠诚，严守党的纪律，保守党的秘密，挫败了敌人的严刑拷打和种种诱降，保卫了党组织，表现了共产党员的大无畏气概和革命乐观主义精神。

2月7日晚上，监狱看守带宪兵来提人。敌人将殷夫、柔石、冯铿、李求实、胡也频等24位同志押解到楼上的法庭审讯室盖手印。众人细看文件有"验明正身，立刻绑赴刑场枪决"等语，知是执行书，全场哗然抗议，同志们有的打破玻璃窗，有的向法庭丢凳子，法官急忙吩咐宪兵连长立即拖出去执行，法庭上一片大乱。宪兵上来拖人，24位同志奋力抵抗，坚决不下楼梯，抗议匪徒们屠杀。宪兵们拿着刺刀采用几个宪兵对付一个人的办法，一个一个地把他们拖下楼梯，许多人身上被打成重伤。有同志被拖出门时大声喊口号，唱起《国际歌》，挣扎着与敌人搏斗。许多同志戴着手铐脚镣直接被拖到监狱后面的荒地，在龙华司令部旁边制造局的大烟囱下被仓促地枪杀了，有的甚至在拖到大门口时就被心慌意乱的刽子手枪杀了。

虽然中共党组织多方营救，但国民党反动派为了消灭共产主义思潮，还是不顾社会舆论的一片谴责，在一无所获后残忍屠杀狱中革命志士。二十四烈士喋血龙华。他们是：林育南、何孟雄、李求实、龙大道、欧阳立安、恽雨棠、罗石冰、王青士、蔡博真、伍仲文、段楠、李文、柔石、胡也频、殷夫、冯铿、费达夫、汤士伦、汤仕佺、彭砚耕、刘争、贺林隶、李云卿以及一位佚名烈士。二十四烈士是中共重要干部，他们的牺牲对革命事业造成重大损失。其中，李求实、柔石、胡也频、冯铿、殷夫五位被称为"左联五烈士"。殷夫牺牲时，尚不满21岁。

国民党反动派为掩盖其血腥暴行，严密封锁新闻。鲁迅和其

珂勒惠支（Kathe Kollwitz）纪念烈士牺牲的木刻版画作品《牺牲》(The Sacrifice)

他革命者想尽一切办法，终于获悉殷夫等人已于 2 月 7 日晚被害于龙华警备司令部。鲁迅悲愤交加，欲哭无泪。悲恸中，吟出一首小诗：

惯于长夜过春时，挈妇将雏鬓有丝。
梦里依稀慈母泪，城头变幻大王旗。
眼看朋辈成新鬼，怒向刀边觅小诗。
吟罢低眉无写处，月光如水照缁衣。

这首诗表达了鲁迅对受难者的哀悼和对反动派的仇恨。1933年，录入《为了忘却的记念》时，把"眼看"改为"忍看"，把

"刀边"改为"刀丛",两字之改,使全诗思想更为深沉,感情更为炽热。

2月12日,中共中央机关报《红旗日报》以"二七纪念龙华司令部秘密枪杀廿三名战士"为题发布了消息。3月12日,《群众日报》发表社论《反对国民党残酷的白色恐怖》。3月下旬,"左联五烈士"已殉难一个多月,官方大报小报都严密封锁消息,"左联"党团书记冯雪峰与《文艺新闻》创办人袁殊联系,希望《文艺新闻》能急"左联"之所急,以作者探询五位"左联"作家下落的通信形式,巧妙地向世人披露"左联五烈士"被害的消息。3月30日,《文艺新闻》刊出了一封读者来信《在地狱或人

1931 年 4 月 20 日，《文艺新闻》刊登了殷夫
等五烈士的群像

1931 年 4 月 25 日，鲁迅和冯雪峰连夜赶出
《前哨》"纪念战死者专号"

　　　　　　　　　　　　　　殷夫画传

世的作家？》，4月13日第5号又刊出了两封"读者来信"，一封题为《作家在地狱》，另一封题为《青年作家的死》（二）。这三封信分别署名"蓝布""曙霞"和"海辰"，他们都是冯雪峰的化名。4月20日，该刊又刊登了殷夫等五烈士的群像。

不久，美国现代著名的进步女作家和女记者、中国人民的朋友史沫特莱（1892—1950）听闻"左联五烈士"被害噩耗，匆匆赶到鲁迅家。鲁迅递给她一篇文稿，题目是《黑暗中国的文艺界的现状》。"请把它译成英文，在国外发表吧！"鲁迅说。史沫特莱表示如果真的在国外发表，可能危及作者人身安全。鲁迅毅然答道："这有什么关系？这几句话，是必须说的，中国总得有人出来说话啊！"后来这篇文章在美国左翼刊物《新群众》发表，鲁迅将此文收入《二心集》时也加了一个副标题"为美国《新群众》作"。

"左联五烈士"牺牲后，冯雪峰向鲁迅先生提出出版秘密刊物以纪念殷夫等烈士，鲁迅表示同意。刊物名称定为《前哨》，创刊号为"纪念战死者号"，由鲁迅、茅盾、冯雪峰、沈端先、钱杏邨、华汉等组成编委会收集烈士遗著、照片资料等，分头写稿。为安全计，鲁迅手写刊名"前哨"两字，在刻字店分别写成"前、口、肖"三块，然后到使用时再把它们捆在一起印上去。

《前哨·纪念战死者专号》刊登了五烈士和早一年在南京雨

花台牺牲的宗晖烈士的肖像、传略和有关的作品等。为揭露国民党反动派屠杀左翼作家的血腥罪行，争取国际社会声援，"左联"草拟了两份宣言《中国左翼作家联盟为国民党屠杀大批革命作家宣言》和《为国民党屠杀同志致各国革命文学和文化团体及一切为人类进步而工作的著作家思想家书》，向世人宣告：

> 我们的五个被难的同志，不仅是我们联盟的分子，也是全中国人所知道的著述家，小说家，诗人：李伟森是富于文学天才的，兼及于社会问题的著述家，有多种著译书籍；柔石和胡也频是有相当社会地位和很长的创作生涯的小说家；殷夫是优秀的新进诗人；冯铿是新进的稀少的妇女作家。这些都是中国新文学界的精华。然而国民党用极阴狠的手段，强夺了，去消灭他们的生命了。

鲁迅在这期刊物上发表了《中国无产阶级革命文学和前驱的血》，他指出，"中国无产阶级革命文学在今天和明天之交发生，在污蔑和压迫中成长，终于在最黑暗里，用我们同志的鲜血写了第一篇文章。"专号还刊登了阿英写的《殷夫小传》和殷夫的遗诗《五一歌》。冯雪峰同志悲愤地写下短评《我们同志的死和走狗们的卑劣》。

英文《中国论坛》纪念"左联五烈士"殉难

　　为争取更多外国进步文化人士抗议国民党反动派暴行，以鲁迅为首的中国左翼作家联盟向全世界革命作家和进步文化界，用中、英、日等几种文字发布了对国民党当局杀害"左联五烈士"的抗议书。4月，史沫特莱和茅盾一起将"左联"的宣言译成英文在美国发表。4月19日，"左联"将这一宣言增加了一些新内容，题为《中国左翼作家联盟为国民党屠杀大批革命作家致高尔基的呼吁书》。寄到苏联时，高尔基因生病出国疗养未亲自过问此事，但是中国左翼作家联盟的英文呼吁书还是被散发到美国等

汪占辉（占非）《五死者》黑白木刻
（22.2 × 13.1 cm）

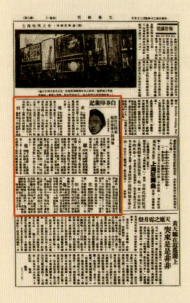

1931 年 5 月 25 日，《文艺新闻》刊出楼适夷
（1905—2001）所作《白莽印象记》

地，并引发了全世界对国民党的抗议浪潮。日本进步作家和记者尾崎秀实积极支持，把宣言译成日文传到日本。苏联革命作家国际联盟秘书处发表了《革命作家国际联盟为国民党屠杀中国革命作家宣言》。

国内外进步文艺界立即陷入沉痛悼念中，北平烽火社在倡议北平市文化团体哀悼殷夫等五烈士的公开信中，要求"臂缠青纱一周，以志哀悼"。"一八艺社"上海分社青年木刻家汪占辉创作了木刻《纪念五死者》，木刻上方是五烈士牺牲后毅然屹立的形象——正中是女烈士冯铿，右二突出在最前面的是殷夫，右一是李求实，左二是柔石，左一是胡也频，他们占据了全画近一半的面积以表示他们的牺牲是中国大地上的一件大事。5月25日，《文艺新闻》刊出楼适夷所作《白莽印象记》，纪念这位"有着无涯的希望的青年的天才者"。

"左联五烈士"都成长在五四运动、五卅运动到四一二反革命政变这一近现代中国革命第一波大浪潮汹涌前后。他们在新文化滋养下，没有像鲁迅那一代知识者所承受的需在中西文化冲突下抉择的苦闷和沉重，他们也较少承担传统现实生活的负重，而是在大时代的风云激荡中，从不同的家庭走出，以各异的人生求索，于白色恐怖最为严重的时刻共同走进中国先进知识青年的行列，以年轻的生命血沃中华这片古老而滞重的土地。"左联五烈

鲁迅《为了忘却的记念》手稿，
文中记录了他与殷夫的交集

士"的生命旅程描画出现代中国一代知识青年分化组合中群体前
进的动势和走向轨迹，用他们未可限量的人生前程在中国革命的
行进途中铺下一砖一石，写下了血染的一页。

"为了忘却的记念"

1933 年，即二十四位烈士牺牲两年后，鲁迅又连续写下了
《中国无产阶级革命文学和先驱的血》《为了忘却的记念》等文
章，揭露和抗议国民党反动派勾结帝国主义杀害革命作家的滔天
罪行。鲁迅难忍心中悲哀写下的《为了忘却的记念》刊载于 1933
年 4 月 1 日出版的《现代》第二卷第 6 期，后收于《南腔北调
集》。文章回忆了和殷夫交往的经过，充满着对这位年青革命诗

人难以忘却的怀念和赞扬。

　　殷夫牺牲后，留在鲁迅处那本德文版《彼得斐诗集》被鲁迅完好地珍藏下来。鲁迅在《为了忘却的记念》中写道："较熟的要算白莽，即殷夫了，他曾经和我通过信，投过稿，但现在寻起来，一无所得，想必是十七那夜统统烧掉了，那时我还没有知道被捕的也有白莽。然而那本《彼得斐诗集》却在的，翻了一遍，也没有什么，只在一首《Wahlspruch》（格言）的旁边，有钢笔写的四行译文道：'生命诚宝贵，爱情价更高；若为自由故，二者皆可抛！'"在这本书的第 18 页上，一首格言在旁边，有殷夫用钢笔翻译的四行诗歌：

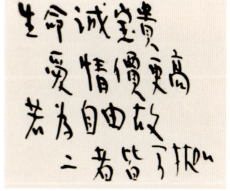

殷夫交给鲁迅的《彼得斐诗集》中翻译诗歌《格言》的手迹

生命诚宝贵

爱情价更高

若为自由故

二者皆可抛

　　这首译诗是殷夫以直堆垛形格式译写在德文版《彼得斐诗集》中《格言》一诗的左侧的，未译题，现在使用的标点（即依次的逗号、分号、逗号和感叹号）是鲁迅将此诗录入《为了忘却的记念》一文时参照了德译加上去的。这首为人们指出人生奋斗之路的不朽颂歌一经鲁迅引录，流传甚广。从1950年起，鲁迅《为了忘却的记念》一文长期被收录在人民教育出版社高中语文课本中，由殷夫所译的这首诗影响了中国几代人，成为人民共珍爱喜传诵的座右铭。翻译家王秉钦评价殷夫"不是翻译家，胜似翻译家。"

　　从原作的出世到这首译诗的产生，有一个颇为曲折的过程。1847年新年伊始的第一天，裴多菲在激情涌溢之下，振笔疾书，写下了《自由与爱情》这首革命箴言诗。原诗《自由与爱情》共有六行，对自己的生命、爱情和自由这三种关系的处置，作出了最响亮、最正确的回答：

　　自由与爱情！

　　　　我要的是这两样。

　　　　为了爱情，

　　　我牺牲我的生命，

　　　　为了自由，

　　我又将我的爱情牺牲。

　　1887 年，在裴多菲为抗击沙俄的入侵献出自己宝贵生命和甜美爱情的第三十八年，奥地利翻译家阿尔弗雷德·滕尼斯将这首诗由匈牙利文译成德文，收录在维也纳出版的《裴多菲诗集》时改题为《格言》，由原六行格律诗改译成四行格律诗，还将最后一句改译为"我乐意将二者抛弃"。殷夫的这首四行五言译诗乃是根据奥地利人滕尼斯编译的德文转译的，故译文与裴多菲的原作有异，而对德译来说，殷夫的译文是十分精当、无懈可击的。将这首诗译成了五言绝句形式也更能符合汉语表达方式及诗文韵律要求，所以被广泛接受和流传。有的同志误认为殷夫将裴多菲六行原诗意译为四行五言诗，实际上改译为四行的是奥地利人滕尼斯而不是殷夫。将诗题从《自由与爱情》改为《格言》也是奥地利人滕尼斯，而不是殷夫。

　　许多文章在引述殷夫的这首译诗时常把第一句中"生命诚宝贵"作"生命诚可贵"，把第四句中"二者皆可抛"作"两者皆可抛"，这是不当的。出现这一问题的原因可能是这样的：1953年，为纪念裴多菲诞辰 130 周年，《人民文学》在第二期上发表了诗人吕剑近评论文章《裴多菲·山陀尔》，文中引用这首诗时写为"生命诚可贵，爱情价更高；若为自由故，两者皆可抛！"并注明为白莽所译，其实与原译有所出入。

鲁迅还珍藏了殷夫的遗稿《孩儿塔》，用的是白莽的笔名。他说："收存亡友的遗文真如提着一团火，常要觉得寝食不安，给它企图流布的。"1936 年 3 月 10 日，鲁迅收到一封署名"齐涵之"的信，自称是白莽的同学，藏有白莽遗稿《孩儿塔》，要鲁迅写序，以便出版。第二天，鲁迅不顾大病初愈，在两夜里写就序文《序〈孩儿塔〉》寄给"齐涵之"。不久改题《白莽遗诗序》载于 1936 年 4 月《文学丛报》月刊第一期，后又改题为《白莽

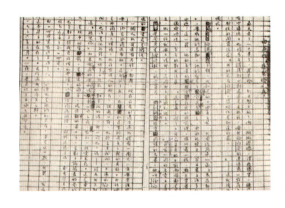

鲁迅为殷夫遗作撰写的《白莽作〈孩儿塔〉序》手稿

殷夫画传

作〈孩儿塔〉序》，收录在《且介亭杂文末编》。后来知道求序者是个"无耻之徒"，诗集也未因此出版。然而，鲁迅对于殷夫诗作"是东方的微光，是林中的响箭，是冬末的萌芽，是进军的第一步，是对于前驱者的爱的大纛，也是对于摧残者的憎的丰碑"的高度评价，使殷夫的诗作为无产阶级革命文学的前驱之作而彪炳于中国现代文学史上。文如其人，这又何尝不是殷夫烈士一生的注脚！

鲁迅先生在《为了忘却的记念》一文最后写道："夜正长，路也正长，我不如忘却，不说的好罢。但我知道，即使不是我，将来总会有记起他们，再说他们的时候的。"

1945年4月20日，在中国共产党第六届中央委员会扩大的第七次全体会议上通过《关于若干历史问题的决议》。决议对

毛泽东亲自主持起草《关于若干历史问题的决议》，先后多次修改，这是其中的一稿

1931 年 2 月牺牲的包括殷夫在内的烈士给予了高度评价："他们为党和人民做过很多有益的工作，同群众有很好的联系"；他们被捕后，"在敌人面前坚强不屈，慷慨就义"；他们的"无产阶级英雄气概，乃是永远值得我们纪念的"。

今时今日　我们从未忘记

新中国成立后不久，为了告慰英魂，时任中央内务部部长谢觉哉亲自下令要上海市人民政府负责找到包括"左联五烈士"在内的龙华二十四烈士遗踪。1950 年 3 月 27 日，上海市民政局接

上海市龙华烈士纪念馆（上海市龙华烈士陵园）内的烈士就义纪念地

殷夫烈士殉难处，该遗址于 1988 年被国务院列为全国重点文物保护单位

上海市龙华烈士纪念馆（上海市龙华烈士陵园）内殷夫等龙华二十四烈士墓

到陈毅市长的批示后立即会同龙华区接管会前往龙华实地踏访。

经过寻访干部的多方打听，1950年4月4日，经民政局领导批准，在初步确定的埋尸处按7尺正方形开挖，一共从坑中清理出较完整的尸骸18具，其余几具零碎不全。同时，在坑中捡出一副脚镣、一副手铐和几十枚钱币，最瞩目的是1件已腐烂脱一半的绒线红背心。后来经对照鲁迅先生为纪念"左联五烈士"撰写的《为了忘却的记念》一文，并请党内老同志回忆和确认，证实土坑里的遗骸就是二十四烈士，尤其那件绒线红背心是冯铿平时爱穿的。

党和人民政府为了永远纪念殷夫等革命先烈，在他们当年的就义处发掘遗骸后先安葬于大场公墓，后迁葬于龙华烈士陵园。1981年，树立"龙华革命烈士就义地"碑，碑两侧搭建画廊，陈

1954年8月，人民文学出版社出版的《殷夫诗文选集》

殷夫画传

列着烈士图照和生平介绍。碑后有一株枯树，树干上弹痕累累。1995 年，由邓小平亲笔题词的"龙华烈士陵园"在原龙华监狱和刑场旧址扩建落成，在二十四烈士遗骸发现处建立"龙华烈士殉难地"纪念雕塑，以表达后人永不忘却的纪念。

　　殷夫当年的许多珍贵诗文原稿因在遭逮捕时被敌人搜走而散失。据阿英《殷夫小传》所述，殷夫的政治论文和其他作品散见于当时的《列宁青年》《红旗》等秘密刊物和《太阳月刊》《奔流》《拓荒者》《萌芽月刊》《巴尔底山》《摩登青年》等公开刊物，生前都未能结集出版。阿英所列殷夫著作有：

　　　　《孩儿塔》(诗集)，1930 年初殷夫自编；

　　　　《伏尔加的黑浪》(诗集)，1929 年；

　　　　《一百零七个》(诗集)，1930 年；

　　　　《诗集》(包括译诗)，1928—1930 年；

　　　　《小母亲》(小说、随笔、戏曲集)，1928—1930 年；

　　　　《苏联的农民》(翻译)，1928 年；

　　　　《苏联的少年先锋队》(翻译)，1930 年；

　　　　《列宁论恋爱》(翻译)，1930 年。

　　其中，除《孩儿塔》原稿幸由鲁迅保存下来外，其他七种迄

殷夫故居俯拍

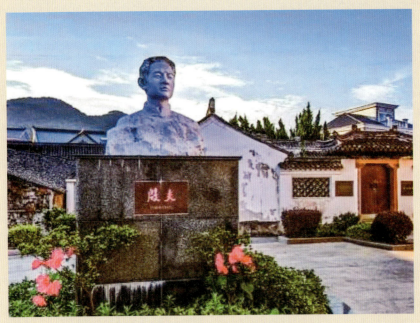

位于浙江省宁波市象山县大徐镇大徐村的殷夫故居

今未有发现。新中国成立后，殷夫登载在报刊上的作品被陆续找到，开明书店和人民文学出版社以此为基础先后整理出版了《殷夫选集》(1951 年 7 月，开明书店)、《殷夫诗文选集》(1954 年 8 月，人民文学出版社)、《殷夫选集》(1958 年 12 月，人民文学出版社)和《孩儿塔》(1958 年 12 月，人民文学出版社，收录原集六十五首诗中的二十七首)。

在殷夫家乡，建设、维护并修复了殷夫故居。殷夫故居位于宁

殷夫公园

波市象山县大徐镇大徐村，坐落在村南沙朴树下，是南方村镇常见的由大门、正屋、左右偏屋组成的坐北朝南、一正两横、小青瓦木结构的三合院式平房。正屋三开间，东次间是殷夫出生的地方，东首大房是殷夫少年时居住、读书之处。东西两厢房开辟了殷夫事迹陈列室，陈列着烈士生平文史资料。1986年，殷夫故居被象山县人民政府列为县级文物保护单位，先后被列入市爱国主义教育基地、省党史学习教育基地等红色教育基地。1990年，象山县成立殷夫研究会，致力于殷夫史料考证、学术研究和精神传承。

大徐镇在殷夫故居成立"青年之家"，设立红色文化青社学堂、微型团课宣讲团和"清风徐来"志愿服务工作站，为青年提供交流殷夫精神的实体平台。1991年2月7日，大徐中学更名为殷夫中学。2010年，象山县举办了殷夫烈士诞辰100周年系列活动。2015年，建设开放占地面积99563平方米的综合性公园，并为纪念殷夫而命名为殷夫公园。

在殷夫曾经就读的上海民立中学，1983年5月4日建设殷夫纪念碑，经过四次重建，于2004年迁至威海路681号学校新址。在浦东中学，排演的纪念殷夫情景剧《少年殷夫》，荣获2021年"龙华杯"上海市中小学生情景剧决赛中学组唯一一等奖。在同济大学，殷夫浮雕像坐落在同济大学一二九爱国学生运动纪念园中，学校连续举办青年马克思主义者培养工程，特以"殷夫班"命名。

上海民立中学殷夫纪念碑

浦东中学《少年殷夫》情景剧

同济大学学生运动纪念园殷夫浮雕像

　　英雄的历史从哪里开始，英雄的精神也就从哪里生发。回望殷夫烈士一生，他是一位既有深情厚度又有鲜血温度的"中国革命的歌手"。他和千千万万烈士们一样，用自己的生命和鲜血铺就了革命胜利之路。正如殷夫那首译诗所写："生命诚宝贵，爱情价更高；若为自由故，二者皆可抛！"殷夫烈士用年仅21岁的一生诠释和践行了这个誓言。殷夫烈士永垂不朽！

　　早期中国共产党人在求索和追寻中熔铸，在奉献和担当中淬炼，在奋斗和牺牲中砥砺，实现了救国救民的坚定信念和伟大实践。今天，我们认识和学习革命先烈铸就的伟大精神、探究的历史规律、积累的宝贵经验，就是要从中汲取赓续奋斗的精神力量，增强坚守初心担当使命的思想自觉和行动自觉，承担起为实现中华民族伟大复兴中国梦而不懈奋斗的时代使命，在新时代新征程上赢得更加伟大的胜利和荣光！

殷夫大事年表

1910 年

6 月 11 日　出生于浙江省象山县怀珠乡大徐村（今大徐镇大徐村）。

1916 年

春　徐父为其取学名徐祖华，送入大徐义塾拜师读书。

1920 年

1 月 28 日　徐父病故，由慈母抚育。

秋　考入象山县立高等小学读书。

1923 年

夏　高小毕业，以徐白之名入读上海民立中学新制初中一年级。1923 年至 1926 年在民立中学求学。

1924 年

第一首诗《放脚时代的足印》是 1924—1925 年前后时期的作品，署名白莽，收入殷夫自编诗集《孩儿塔》。

1925 年

5 月　积极参加声援五卅运动的斗争。

1926 年

夏　从上海民立中学考入浦东中学，越级考入高三级，并秘密加入中国共产主义青年团。

1927 年

2 月 23 日　在杨白和刘积铨的介绍下，秘密加入中国共产党。

4 月　四一二反革命政变，因叛徒告密，第一次被捕入狱，囚禁三个月，几被杀害，后由时任国民革命军总司令部参谋处处长的大哥徐培根保释出狱。

6 月 5 日　夜半于狱中作长诗《在死神未到之前》，长达 500 多行，署名任夫，1927 年 6 月载于 1928 年 4 月 1 日《太阳月刊》4 月号。

7 月　回象山，于象山创作诗歌《人间》《呵，我爱的》，署名白莽，收入《孩儿塔》。

9 月 18 日　考入同济大学德文补习科一年级乙组学习德文，与王三川、陈元达等成为知交。

1928 年

1 月 1 日　革命文学社团太阳社在上海成立，并建立党小组。《太阳月刊》创刊后，署名任夫，将在狱中所作长诗《在死神未到之前》寄到编辑部，并刊登于《太阳月刊》。结识该社编辑钱杏邨（阿英），成为后来加入太阳社契机。8日晚，创作诗歌《挽歌》（诗），署名白莽，收入《孩儿塔》。

2月 向创造社刊物《文化批判》投寄读者来信，对该刊没有明确体现马克思主义原意的文章提出建议。

3月15日 《被奥伏赫变的话》（通信）署名徐文雄，载于1928年《文化批判》第3号《读者的回声》。

4月20日 创作《醒》（诗），署名白莽，收入《孩儿塔》。

5月 创作诗歌《我们初次相见》（诗）、《清晨》（诗），署名白莽，收入《孩儿塔》。5日，创作《白花》（诗），署名白莽，收入《孩儿塔》。8日，创作《祝》（诗），署名白莽，收入《孩儿塔》。

6月4日 发表《呵，我们踟蹰于黑板的丛林里》（诗），署名任夫，载于8月20日《我们月刊》第3期。

8月10日 创作《孤独》（诗），署名白莽，收入《孩儿塔》。17日，创作《宣词》（诗），署名白莽，收入《孩儿塔》。

秋 因参加革命活动第二次被国民党当局逮捕入狱。大嫂张芝荣出面托人保释并把他送回家乡象山。在象山县立女子小学担任校长的二姐徐素云安排下，和王三川、陈元达在校担任代课老师。其间，创作诗歌包括但不限于《在一个深秋的下午》《别的晚上》《给——》《旧忆》《死去的情绪》《我醒时……》《现在》《东方的玛利亚——献母亲》《感怀》《地心》《虫声》《青春的花影》《失了影子的人》《我还在异乡》《给——》(另一篇)、《心》《归来》《星儿》《给母亲》《夜起》《你已然胜利了》《我爱了……》《自恶》《生命,尖刺刺》《给——》(又一篇)、《残歌》《飘遥的东风》《干涸的河床》。此外,本年度不知具体时间的创作作品还有《致F》《致纺织娘》《花瓶》《独立窗头》《孤泪》《给某君》。

12月8日 创作《伏尔加的急流——〈党人魂〉在革命艺术上的评价》,署名殷夫,载于1928年《文艺生活》(周刊)第2号。

1929年

春 在二姐徐素云的帮助下,离开象山,重回上海。流浪途中,创作诗歌《无题的》《春》《写给一个姑娘》《赠朝鲜女郎》《梦中的龙华》《妹妹的蛋儿》《给茂》《孩儿塔》,署名白莽,收入《孩儿塔》。创作小说《"King Coal"——流浪笔记之一》,署名白莽,载于1930年1月1日《萌芽月刊》第1卷第1期。

2月 将流浪期间积攒起来的诗作和翻译投给鲁迅编辑的杂志《奔流》。27日,创作《春天的祷词》(诗),署名白莽,收入《孩儿塔》。

3月15日 创作诗歌《春天的街头》。23日,创作《月夜闻鸡声》(诗),署名白莽,收入《孩儿塔》。

4月9日　创作诗歌《一个红的笑》。12日，在四一二反革命政变两周年之际，创作著名长诗《别了，哥哥》。23日，创作《血字》《意识的旋律》《上海礼赞》。27日，创作《都市的黄昏》。本月所写六首诗和3月创作的《春天的街头》共同以《血字》为总标题，载于1930年5月10日《拓荒者》第4、5期合刊，该刊另一版本名《海燕》。除诗歌外，24日，创作小说《音乐会的晚上》完稿，署名徐任夫，载于1929年12月15日《新流月报》第4期。

5月5日　创作《一九二九年的五月一日》（诗），署名白莽，载于1930年5月1日《萌芽月刊》第1卷第5期《五月各节纪念号》。14日，创作小说《监房的一夜》载于1930年3月1日《萌芽月刊》第1卷第3期。《梅儿的母亲》（诗）署名徐殷夫，文末署有"在乡下"三字，载于1929年5月《海风周报》第17期特大号，出版具体日期不详。

6月23日　创作诗歌《前灯》。25日，鲁迅致白莽（殷夫）信

6月到9月间　与鲁迅有了较为密集的接触。三个月内共拜访鲁迅四次，寄信七次。

7月　因组织上海丝厂工人罢工第三次遭捕，遭到严刑毒打，书籍和衣物全部被没收，此次入狱没有告诉家里。

8月　释放出狱。5日，创作《寂寞的人》（诗），署名白

莽，收入《孩儿塔》。5 日深夜作《给林林》(诗)，署名白莽，收入《孩儿塔》。16 日译《一个青年女革命家的小史——Stoya Markovich 的自述》，署名徐白，文末有《译者附记》，载于 11 月 20 日《列宁青年》第 2 卷第 4 期，总第 28 期。18 日，看访鲁迅。20 日，《奔流》第 2 卷第 4 期载其《诗四首》(《夜的静默》《流浪人短歌》《青的游》《最后的梦》)，署名白莽。

11 月　创作诗歌《Romantik 的时代》《Pionier》《静默的烟囱》《让死的死去吧!》《议决》，同 6 月 23 日发表的《前灯》，以《我们的诗》为标题，署名殷夫，载于 1930 年 1 月 10 日《拓荒者》第 1 卷第 1 期。翻译《彼得斐·山陀尔行状》(奥国 Alfred Tenies 作)，署名白莽，载于 1929 年 11 月《奔流》第 2 卷第 5 期《译文专号》。翻译《彼得斐·山陀尔诗九首》(匈牙利 Petofi Sandor 原作:《黑面包》《在野中》《酒徒》《我要变为树，……》《听哟，那迷人的……》《生与死》《我的爱情——不是……》《原野有小鸟》《雪哟，大地的……》)，署名白莽，后有跋语“白莽志于穷愁病梦四骑士的困扰之中，1929……”，载于 1929 年 11 月《奔流》第 2 卷第 5 期《译文专号》。25 日深夜译完《军国主义批判》(约翰·赫德原著)，署名殷夫，载于 1929 年 12 月 15 日《摩登青年》第 1 卷第 1 期。此后到 1930 年秋冬之间，在共青团中央宣传部工作，主要工作是负责编辑《列宁青年》《摩登青年》，并自学俄语，撰写、翻译和发表政论文章。

12月2日 创作诗歌《我们》《时代的代谢》，署名殷夫；11日，创作诗歌《May Day 的柏林》。三首诗歌以《诗三篇》为标题载 1930 年 2 月 10 日《拓荒者》第 1 卷第 2 期。12 日，创作《与新时代的青年》(诗)，署名殷夫，载于 1930 年 4 月 10 日《摩登青年》第 1 卷第 2 期。16 日，创作《伟大的纪念日中》(诗)，署名殷夫，载于 1930 年 4 月 10 日《摩登青年》第 1 卷第 2 期。17 日，创作《中国青年反帝运动的战术》(论文)，署名殷夫，载于 1930 年 4 月 10 日《摩登青年》第 1 卷第 2 期。22 日，创作《继续扩大我们的非基运动》(论文)，署名沙洛，载于 1930 年 1 月 1 日《列宁青年》第 2 卷第 6 期，总第 30 期；创作《过去文化运动的缺点和今后的任务》(论文)，署名沙洛，载于 1930 年 1 月 1 日《列宁青年》第 2 卷第 6 期，总第 30 期。25 日，创作《写给一个新时代的姑娘》(诗)，署名殷夫，载于 1930 年 3 月 10 日《拓荒者》第 1 卷第 3 期。

年底 太阳社自动宣告解散。

此外，本年度不知具体时间的创作作品还有《怀拜轮》(诗)，署名白莽，1929 年于西寺，载于 1930 年 6 月 14 日《草野周刊》第 2 卷第 11 期《中国现代名家作品专号》。创作《幻象》《夜的静……》《残酷的时光，我见你……》《记起我失去的人》《是谁又……》《短期的流浪中》(诗），署名白莽，收入《孩儿塔》。

1930 年

初　创作《"孩儿塔"上剥蚀的题记》，署名白莽。

1 月 12 日　创作《东方殖民地解放运动之发展》(论文），署名殷夫，载于 1 月 16 日《列宁青年》第 2 卷第 7 期，总 31 期。为 1930 年李卜克内西纪念日，创作《李卜克内西的生平事略》(散文），署名沙洛，载于 1 月 16 日《列宁青年》第 2 卷第 7 期，总 31 期。16 日，创作《囚窗（回忆）》(诗），署名白莽，载于 4 月 1 日《萌芽月刊》第 1 卷第 4 期。19 日，创作《前进吧，中国!》(诗），署名白莽，载 4 月 1 日《萌芽月刊》第 1 卷第 4 期。19 日，创作《奴才的悲泪——献给胡适之先生》(诗），署名白莽，载于 4 月 11 日《巴尔底山》第 1 卷第 1 号。

2 月 5 日　创作《血淋淋的"一一三惨案"——美帝国主义、国民党联合屠杀安迪生灯泡厂工人》(散文），署名沙洛，载于 2 月 10 日《列宁青年》第 2 卷第 8 期，总第 32 期。5 日，翻译《共产国际执委十次全会上的青年问题》(译文，系根据材料意译），署名沙洛，载于 2 月 10 日《列宁青年》第 2 卷第 8 期，总 32 期。18 日，创作《小母亲》(小说），署名白莽，载于 1930 年 4 月 1 日《萌芽月刊》第 1 卷第 4 期，又曾被选入蒋光慈编、1932 年上海文学社出版的《中国现代作家选集》。18 日，创作

《全国青工经济斗争会议的总结》（论文），署名殷孚，载于2月25日《列宁青年》第2卷第9期，总第33期。19日夜，创作《踏着"三八"的路向前猛进》（论文），署名沙菲，载于2月25日《列宁青年》第2卷第9期，总第33期。翻译《"少共国际纲领的序言"》，署名沙洛，载于2月25日《列宁青年》第2卷第9期，总第33期。27日，译《新的路线——少共国际主席团给各国团的信》，署名沙洛，载于3月20日《列宁青年》第2卷第10期，总第34期。

3月2日　参与发起成立中国左翼作家联盟，太阳社全部成员加入中国左翼作家联盟。坚持文艺为工农大众服务，在《萌芽》《拓荒者》《巴尔底山》等"左联"机关刊物上发表《血字》《别了，哥哥》《五一歌》《让死的死去吧》《我们》等诗歌、散文、随笔、传记、剧本，成为"左联"初期最有成就、最有影响的青年诗人之一。11日晨，收到大哥写来的"一封哀的美顿书"，创作《写给一个哥哥的回信》作为回应，阐明自己坚定不移的阶级立场，署名Ivan，载于5月10日《海燕》即《拓荒者》第4、5期合刊。创作《青年的进军曲》（诗），署名沙洛，载于3月20日《列宁青年》第2卷第10期，总第34期。20日，创作《"March 8"S——A sketch》（速写），署名殷夫，载于5月10日《海燕》即《拓荒者》第4、5期合刊。

4月 创作《拥护苏维埃运动中劳动青年群众的任务》(论文),署名徐白,5日载于《红旗》第90期。10日夜,创作《又是一笔血债——为"四三"惨案死难者及刘义清烈士复仇!》署名徐白,载于4月10日《列宁青年》第2卷第11期,总第35期。25日,创作《暴风雨的前夜——公共汽车电车大罢工》署名莎菲,创作《冲破资产阶级的欺骗与压迫》署名徐白,均载于5月1日《列宁青年》第2卷第12期,总第36期;创作《五一歌》(诗)署名莎菲,载于1930年5月1日《列宁青年》第2卷第12期,总第36期,又载于1931年4月25日《前哨》第1卷第1期,改署殷夫。

5月 以"左联"代表身份,出席在静安区北京西路上召开的全国苏维埃区域代表大会准备会议。创作《今年的五一》《拥护全国苏维埃代表大会》,署名徐白,载于5月1日《列宁青年》第2卷第12期,总第36期。2日,创作《巴尔底山的检阅》(诗),署名白莽,载于5月21日《巴尔底山》第1卷第5号。9日,创作《在红军中的宣传教育工作》,署名徐白,载于5月25日《列宁青年》第2卷第13期,总第37期。10日,创作《改组派的卑劣面目——论他们的〈论电车罢工〉》,署名莎菲,载于5月25日《列宁青年》第2卷第13期,总第37期。14日,创作《拥护苏维埃代表大会与少年先锋队工作的转变》,署名徐白,载于 5 月 25 日《列宁青年》第 2 卷第 13 期，总第 37 期。创作《扩大共产主义的儿童运动》，署名徐白，载于 5 月 14 日《红旗》第 101 期。创作《斗争》（独幕剧），署名莎菲，载于 5 月 25 日《列宁青年》第 2 卷第 13 期，总第 37 期。

6 月 9 日　创作《政治罢工，示威援助高昌庙兵工厂惨案》，署名莎菲，载于 6 月 10 日《列宁青年》第 2 卷第 14 期，总第 38 期。为 1930 年五卅纪念日创作《我们是青年的布尔塞维克》（诗），署名莎菲，载于 6 月 20 日《列宁青年》第 2 卷第 15 期，即 6 月号第 2 期，总第 39 期。

7 月 7 日　《致小姊姊徐素云的一封信》，署名白，原信今存鲁迅博物馆。

8 月 17 日　创作《周刊的"列青"》，署名徐白，载于 8 月 24 日《列宁青年》周刊第 1 期，总第 41 期。21 日，创作《以暴动的精神来纪念今年的国际青年节》，署名徐白，载于 9 月 7 日《列宁青年》周刊第 2 期，总第 42 期。

9 月　创作《一部青工必读的书籍》，署名徐白，载于 9 月 14 日《列宁青年》周刊第 3 期，总第 43 期"书报介绍栏"。为 1930 年国际青年节而创作《为党的正确路线奋斗！》，署名徐白，载于 9 月 21 日《列宁青年》周刊第 4 期，总第 44 期。

10 月　创作《英美冲突与世界大战》，署名徐白，载于 10

月 1 日《北新》半月刊第 4 卷第 18 期。

1931 年

1 月 17 日　由于叛徒出卖，在上海东方旅社参加党的会议时被国民党当局拘捕。

2 月 7 日　晚，与其他革命同志共 24 人被秘密杀害于上海的国民党淞沪警备司令部龙华看守所刑场。李求实、柔石、胡也频、冯铿、殷夫被称为"左联五烈士"。殷夫牺牲时，尚不满 21 周岁。

两年后　1933 年 2 月，鲁迅在《为了忘却的记念》中引入殷夫翻译裴多菲的诗《格言》："生命诚宝贵，爱情价更高；若为自由故，二者皆可抛！"

五年后　殷夫牺牲前，曾将他自编诗集《孩儿塔》原稿交予鲁迅保存。1936 年 3 月，鲁迅为《孩儿塔》作序，给予高度评价："这是东方的微光，是林中的响箭，是冬末的萌芽，是进军的第一步，是对于前驱者的爱的大纛，也是对于摧残者的憎的丰碑。"

参考文献

1. 中共中央党史和文献研究院：《中国共产党的一百年　新民主主义革命时期》，中共党史出版社 2022 年版。

2. 中共中央宣传部编：《中国共产党宣传工作简史　上》，人民出版社 2022 年版。

3. 中共中央宣传部编：《中国共产党宣传工作简史　下》，人民出版社 2022 年版。

4. ［匈牙利］李震：《若为自由故，两者皆可抛》，《今日象山》2021 年 2 月 5 日。

5. 龙华烈士纪念馆编：《英烈与纪念馆研究（第 19 辑）》，上海人民出版社 2021 年版。

6. 慕津锋：《从"论争"到"统一"》，《文艺报》2021 年 4 月 12 日。

7. 同济大学档案馆（校史馆）：《同济英烈》，同济大学出版社 2021 年版。

8. 王庆祥：《殷夫是〈列宁青年〉编辑之实证》，《今日象山》2021 年 2 月 5 日。

9. 王庆祥：《殷夫西寺遗诗》，象山县等慈禅寺 2021 年版。

10. 吴丹鸿：《从鲁迅到殷夫：两代革命青年精神史中的裴多菲》，《文艺研究》2021 年第 12 期。

11. 严有宏：《先驱诗人：殷夫》，同济大学出版社 2021 年版。

12. 殷夫：《写给一个姑娘 殷夫诗歌小说散文选》，中国文史出版社 2021 年版。

13. 殷夫：《血字》，北京联合出版公司 2021 年版。

14. 殷夫：《殷夫我是时代的尖刺》，哈尔滨出版社 2021 年版。

15. 俞宽宏：《"革命的忠臣"殷夫》，《百年潮》2021 年第 4 期。

16. 俞宽宏：《"左联五烈士"之殷夫》，《文史春秋》2021 年第 3 期。

17. 俞宽宏：《热血诗人殷夫的战斗呼号》，《红岩春秋》2021 年第 2 期。

18. 张利民：《"让血染成一条出路"——纪念殷夫烈士牺牲 90 周年》，《今日象山》2021 年 2 月 7 日。

19. 赵学勇：《不该被忘却的"红色抒情诗人"》，《中国社会科学报》2021 年 4 月 26 日。

20. 俞宽宏：《革命诗人殷夫与"左联"》，《联合时报》2020年8月4日。

21. 象山县社会科学界联合会、象山县殷夫研究会编：《殷夫研究》2020年第1期。

22. 象山县社会科学界联合会、象山县殷夫研究会编：《殷夫研究》2020年第2期。

23. 张利民：《殷夫与红色鼓动诗（上篇）》，《今日象山》2020年3月31日。

24. 上海鲁迅纪念馆编：《回忆鲁迅在上海》，上海书店出版社2017年版。

25. 王锡荣著，中共上海市委党史研究室、上海鲁迅纪念馆编：《"左联"与左翼文学运动》，上海人民出版社2016年版。

26. 李丹丹主编，殷夫著：《殷夫诗歌精品》，北方妇女儿童出版社2015年版。

27. 殷夫、邹容、吕碧城：《孩儿塔　革命军　晓珠词》，万卷出版公司2015年版。

28. 殷夫著，新文学选集编辑委员会编：《新文学选集——殷夫选集》，开明出版社2015年版。

29. 中共宁波市委党史研究室编：《宁波中共党史人物（1925—1949）》，宁波出版社2015年版。

30. 华岗主编：《红藏　进步期刊总汇（1915—1949）——列宁青年 4》，湘潭大学出版社 2014 年版。

31. 华岗主编：《红藏　进步期刊总汇（1915—1949）——列宁青年 5》，湘潭大学出版社 2014 年版。

32. 彭龄、章谊：《他的诗永远活着》，《中华读书报》2013 年 8 月 7 日。

33. 史复明：《殷夫：让血染成一条出路》，《党史纵览》2012 年第 9 期。

34. ［俄］H.马特科夫著：《殷夫——中国革命的歌手》，宋绍香译，莫斯科大学出版社 2011 年版。

35. 中共浙江省委党史研究室编：《历史的永恒　浙江革命遗址集锦》，浙江人民出版社 2011 年版。

36. 周桂发主编：《上海高校英烈谱》，复旦大学出版社 2011 年版。

37. 骆寒超、王嘉良编：《百年殷夫新解读　新感悟　纪念殷夫烈士诞辰一百周年》，2010 年。

38. 上海鲁迅纪念馆：《上海鲁迅研究　2010 年夏》，上海社会科学院出版社 2010 年版。

39. 王艾村：《殷夫年谱》，上海人民出版社 2010 年版。

40. 王庆祥：《殷夫遗诗校注》，浙江文艺出版社 2010 年版。

41. 徐俊西主编：《海上文学·百家文库——殷夫、胡也频、冯铿卷》，上海文艺出版社 2010 年版。

42. 中共象山县委宣传部编：《百年殷夫——纪念殷夫烈士诞辰一百周年书法作品集》，2010 年。

43. 中共象山县委宣传部编：《永不忘却的记念——殷夫烈士诞辰 100 周年（珍藏册）》，2010 年。

44. 中国社会科学院文学研究所左联回忆录编辑组编：《左联回忆录》，知识产权出版社 2010 年版。

45. 龙华烈士纪念馆编：《烈士与纪念馆研究（第 11 辑）》，上海人民出版社 2009 年版。

46. 王锡荣主编：《上海鲁迅研究（2009 年春）》，上海社会科学院出版社 2009 年版。

47. 俞克明主编：《浦江丰碑——上海英烈故事》，上海教育出版社 2009 年版。

48. 张利民、邵鹏编著：《名人与象山　象山县政协文史资料》，浙江科学技术出版社 2009 年版。

49. 赵建夫、干国华主编：《星汉璀璨同济人（第 1 辑）》，同济大学出版社 2007 年版。

50. 鲁迅：《鲁迅日记》（全 3 册），人民文学出版社 2006 年版。

51. 王宏志：《鲁迅与左联》，新星出版社 2006 年版。

52. 王吉鹏、李丹主编：《鲁迅与中国作家关系研究》，吉林人民出版社 2006 年版。

53. 姚辛：《左联史》，光明日报出版社 2006 年版。

54. 邵有民等主编：《战斗在大上海》，东方出版中心 2004 年版。

55. 丁景唐、陈长歌：《殷夫烈士和〈列宁青年〉》，《上海革命史资料与研究》，上海古籍出版社 2003 年版。

56. 王美娣：《〈列宁青年〉期刊介绍及目录索引》，《上海革命史资料与研究》，上海古籍出版社 2003 年版。

57. 张潇：《诗坛骄子——殷夫传》，浙江人民出版社 2001 年版。

58. 张小红：《左联五烈士传略》，上海人民出版社 2001 年版。

59. 姚辛编：《左联画史》，光明日报出版社 1999 年版。

60. 殷夫等著，黄伟林、李咏梅编选：《别了，哥哥》，漓江出版社 1996 年版。

61. 郑择魁、黄昌勇等：《左联五烈士评传》，重庆出版社 1995 年版。

62. 姚辛编：《左联词典》，光明日报出版社 1994 年版。

63. 殷夫、李建国、云涛等译著：《白话佛经——〈百喻经〉〈贤愚经〉白话读本》，安徽人民出版社 1992 年版。

64. 丁新约、王世奎主编:《中国共产党英烈志》,青岛海洋大学出版社1991年版。

65. 蔡莹、张潇编:《诗人罗曼史 为纪念革命诗人殷夫殉难六十周年而作》,1990年。

66. 殷夫著,周良沛编选:《中国新诗库(第2辑)——殷夫卷》,长江文艺出版社1990年版。

67. 上海市烈士陵园史料室编:《上海烈士书简》,上海人民出版社1987年版。

68. 张义渔主编,尤亮、唐竟良副主编,中共上海市委党史资料征集委员会、上海市民政局合编:《上海英烈传(第1卷)》,百家出版社1987年版。

69. 象山县政协文史资料委员会:《象山文史资料(第1辑)》1986年12月。

70. 康峰:《一首关于生命·爱情·自由的不朽颂歌》,《青年文摘·红版》1985年第1期。

71. 殷夫著,丁景唐、陈长歌编:《殷夫集》,浙江文艺出版社1984年版。

72. 中共象山县委党史资料征集领导小组、浙江省象山县民政局编:《象山革命烈士(1)》,浙江省象山县民政局1984年版。

73. 马瞻:《关于徐素云珍藏殷夫手稿和遗物的一点史料》,

载《中国现代文艺资料丛刊》第七辑，上海文艺出版社 1983年版。

74. 丁景唐、陈长歌：《诗人殷夫的生平及其作品 纪念殷夫烈士牺牲五十周年》，浙江人民出版社 1981 年版。

75. 丁景唐：《阿英〈殷夫小传〉校读杂记及其他：对于殷夫史料的探索和正误》，《新文学史料》1981 年第 1 期。

76. 罗章龙：《上海东方饭店会议前后》，《新华文摘》1981年第 5 期。

77. 罗章龙口述，丘权政记录整理：《上海东方饭店会议前后》，《新文学史料》1981 年第 1 期。

78. 李海文、余海宁：《东方旅社事件》，《社会科学战线》1980 年第 3 期。

79. 龙华烈士陵园史料陈列室编：《龙华革命烈士史迹选编》，上海人民出版社 1980 年版。

80. 夏衍：《"左联"成立前后》，《文学评论》1980 年第 2 期。

81. 冯雪峰：《冯雪峰同志关于鲁迅、"左联"等问题的谈话》，《鲁迅研究资料》1977 年第 2 期。

82. 丁景唐：《〈殷夫烈士的一些新史料〉补正》，《学术月刊》1964 年 5 月。

83. 丁景唐：《殷夫烈士的一些新史料》，《学术月刊》1963

年1月。

84. 凡尼：《论殷夫及其创作》，上海文艺出版社1962年版。

85. 丁景唐、陈长歌：《殷夫烈士和〈摩登青年〉》，《学术月刊》1961年7月。

86. 丁景唐、瞿光熙编：《左联五烈士研究资料编目》，上海文艺出版社1961年版。

87. 万正著：《不朽的共产主义战士　革命故事》，浙江人民出版社1959年版。

88. 殷夫：《孩儿塔》，人民文学出版社1958年版。

89. 殷夫：《殷夫选集》，人民文学出版社1958年版。

90. 殷夫：《殷夫诗文选集》，人民文学出版社1954年版。

91. 姜馥森：《鲁迅与白莽》，《现实》1939年第12期。

92. 前哨编辑委员会编：《前哨·文学导报　第1卷　第1期》，上海文艺出版社1931年版。

93. 龙华烈士纪念馆编：《学问人生，思想先锋　上海部分文化英烈图文集》，上海教育出版社2011年版。

94. 浙江省殷夫研究会编：《殷夫诞辰100周年纪念专辑》，2010年。

95. 象山县殷夫研究会编：《永不忘却的记念殷夫烈士诞辰八十周年牺牲六十周年纪念册》，2010年。

后 记

在中国共产党成立 102 周年之际，中共上海市委党史研究室与龙华烈士纪念馆联合推出龙华烈士画传系列丛书第二辑，以期传承红色基因，赓续红色血脉。《殷夫画传》一书深入挖掘档案史料，按照殷夫生平脉络，选取重要历史事件，配以反映历史背景、切合主题内容、延伸相关阅读的历史图片，以图文并茂的方式全面叙写殷夫从怀鸿鹄志地求学求索、在风雨如晦中艰难寻路，到为中国革命披肝沥胆无畏牺牲的壮烈一生。

本书的写作得到了中共上海市委有关领导的关心和支持。感谢市委党史研究室严爱云主任的信任与鼓励，感谢科研处年士萍处长对本书从孕育到诞生的全程指导与帮扶，感谢龙华烈士画传系列丛书第一辑《澎湃画传》作者赵菲、《陈延年画传》作者曹典、《陈乔年画传》作者刘玉杰、《赵世炎画传》作者段春义、《林育南画传》作者严亚南、《杨殷画传》作者柏婷、《张佐臣画传》作者沈洁、《杨匏安画传》作者董奇、《许白昊画传》作者周春燕等老师的经验分享与答疑解惑，感谢我处马婉、唐旻红、郭炜、姚吉安、胡迎老师的照顾与包容。同时，对市委党史研究室同仁们一直以来的友爱与关怀，在此一并表示衷心感谢！

在本书的资料收集过程中，笔者深感诚惶诚恐，自觉小心翼翼，带着虔诚和敬畏，写作伊始采买阅读了市面上基本所有与殷夫相关的书目，先后走访了龙华英烈纪念馆、"左联"纪念馆、鲁迅纪念馆、太阳社旧址、同济大学、浦东中学、民立中学以及殷夫故乡象山县党史研究室、殷夫故居、等慈禅寺等殷夫烈士的人生痕迹地，拜访了王庆祥、俞宽宏等殷夫研究人员，向中共一大纪念馆、同济大学档案馆、上海图书馆、上海档案馆等征集档案史料，经上海人民出版社编辑加工、装帧设计，最终逐渐成形。鉴于此书反映内容年代久远、现存史料分散、公开出版物及展陈资料有限，以上许多单位和专家老师给予了无私支持和帮助，为本书提供图文旧照、档案文件等珍贵史料，在此一并表示衷心感谢！

此书搁笔之际，正值 2023 年清明。殷夫烈士英勇就义、喋血龙华已过去九十二年。思忆殷夫，不觉怅然。但见窗外茵茵绿，不禁想起苏轼那首著名的清明词，吟罢顿觉豁然，人间又清明。

望江南·超然台作
宋·苏轼
春未老，风细柳斜斜。试上超然台上望，半壕春水一城花。烟雨暗千家。

寒食后，酒醒却咨嗟。休对故人思故国，且将新火试新茶。诗酒趁年华。

诗言志、歌咏魂。殷夫烈士曾说过"让血染成一条出路，引导着同志向前进行！"回望这条路，时而洒满阳光，时而布满荆棘，时而周道如砥，时而峰回路转。然而，沿着这条克难、报国与开拓的血染的出路，一代又一代后来者信念无比坚定，从不曾停歇下前进赶考的脚步，更没有忘记像殷夫烈士一样无数的无私的爱国者、无畏的革命者和无悔的牺牲者。一群有血性的中国人筚路蓝缕、矢志不渝，建立了有血性的中国共产党，由他们生发的伟大建党精神——坚持真理、坚守理想，践行初心、担当使命，不怕牺牲、英勇斗争，对党忠诚、不负人民，是我们立党、兴党、强党的精神原点，激励着一代又一代后来者奋发图强，开拓前进。

注目今朝，习近平总书记强调："要教育引导全党大力发扬红色传统、传承红色基因，赓续共产党人精神血脉，始终保持革命者的大无畏奋斗精神，鼓起迈进新征程、奋进新时代的精气神。"在两个一百年奋斗目标的历史交汇点上，在百年未遇的大变局中，在历史的新发展阶段，为祖国而坚定信仰、为祖国而自豪歌唱、为祖国而勇挑重担、为祖国而辛勤劳动，是新时代青年的赤子之心。作为新时代的年轻人，我们的青春底色是一样的中国红，做为民服务的孺子牛、创新发展的拓荒牛、艰苦奋斗的老黄牛，是对先烈和时代最好的回答。我们深深地热爱着我们的祖国，我们亦将带着先辈们以滚烫的热血点燃的一盏盏星星之火，沿着先辈们以殷红的脚印留下的一座座燎原路标，不忘初心、笃行不怠，砥砺前行、不负韶华，阔步迈向新的伟大征程。

作者

2023 年 7 月

图书在版编目(CIP)数据

殷夫画传/中共上海市委党史研究室,龙华烈士纪
念馆编;郭莹著. —上海:上海人民出版社,2023
ISBN 978 - 7 - 208 - 18555 - 5

Ⅰ.①殷…　Ⅱ.①中…　②龙…　③郭…　Ⅲ.①殷夫(
1909 - 1931)-传记-画册　Ⅳ.①K825.6 - 64

中国国家版本馆 CIP 数据核字(2023)第 177490 号

责任编辑　官兴林
封面设计　周伟伟

殷夫画传
中共上海市委党史研究室　编
龙 华 烈 士 纪 念 馆
郭　莹　著

出　　版	上海人民出版社
	(201101　上海市闵行区号景路 159 弄 C 座)
发　　行	上海人民出版社发行中心
印　　刷	上海中华印刷有限公司
开　　本	720×1000　1/16
印　　张	16
字　　数	136,000
版　　次	2023 年 10 月第 1 版
印　　次	2023 年 10 月第 1 次印刷

ISBN 978 - 7 - 208 - 18555 - 5/K · 3323
定　　价　105.00 元